Vorschläge für einen kreativen Literaturunterricht

Lehrerband zu
Geschichten 5./6. Schuljahr
Geschichten 7./8. Schuljahr
Geschichten 9./10. Schuljahr

Kaspar H. Spinner

Verlag Moritz Diesterweg
Frankfurt am Main

ISBN 3-425-06489-4

© 1990 Verlag Moritz Diesterweg GmbH & Co., Frankfurt am Main.
Alle Rechte vorbehalten. Das Werk und seine Teile sind urheberrechtlich geschützt.
Jede Verwertung in anderen als den gesetzlich zugelassenen Fällen bedarf deshalb der
vorherigen schriftlichen Einwilligung des Verlags.

Satz: P.W. Textverarbeitung, Frankfurt am Main
Druck und Bindung: Triltsch, Ochsenfurt

Inhalt

Einleitung
Zur Textauswahl 7
»Geschichten« — eine gattungstheoretische Bemerkung 8
Zu den didaktischen Zielsetzungen 9
Zur Begründung produktiver Verfahren im
Literaturunterricht 10
Methodische Bausteine zur Behandlung
von Geschichten in der Sekundarstufe I 12
Zum Aufbau der Geschichtenbände 17
Zu den methodischen Vorschlägen 18
Literaturhinweise und Dank 19

Geschichten für das 5./6. Schuljahr
Freund sein — Feind sein
Manfred Mai Eine schöne Geschichte 20
Irmela Brender Ich, mein Feind 22
Achim Bröger Jenny 23
Max Bolliger Oma lebt 23
Gina Ruck-Pauquèt Um fünf an der Brücke 24
Gudrun Pausewang Zwei Nächte und ein Tag 26

Wünsche
Ingeborg Kanstein Willis Luftschloß 27
Franz Hohler Tschipo 27
Susanne Kilian Aber manchmal... 28
Irmela Brender Ich wollt', ich wäre du 28
Peter Härtling Der Ausreißer 29
Gudrun Mebs Ostervater 30
Volker Erhardt Australien ist weit 30

Leute
Gina Ruck-Pauquèt Leute 31
Susanne Kilian Marion guckt aus dem Fenster 32
Gudrun Pausewang Aber er singt wieder 33

Geschichten zum Rätseln und Schmunzeln
Christine Nöstlinger Die Geschichte vom schwarzen Mann und vom großen Hund 34
Diether Pflanz Sie spielen Gericht 34
Paul Maar Der Mann, der nie zu spät kam 35
Christine Brückner Herr Wolke lächelt 35
Rolf Haufs Der autoverrückte Vater 36
Janosch Das Geheimnis des Herrn Schmitt 37
Franz Hohler Die runde Insel 37
Johannes Merkel Herr Meier spart 38
Franz Fühmann Die Geschichte vom kleinen und 38
Achim Bröger Die Angsthasen 39

Geschichten für das 7./8. Schuljahr

Jugendzeit — schöne Zeit?
Simone Schneider Luises Tagebuch oder die Geschichte vom »Ei« 40
Angelika Mechtel Aus dem Tagebuch an meine Töchter 41
Benno Pludra Ein Wellensittich starb 43
Willi Fährmann Tappert meldete sich 44
Renate Welsh Einhundertsiebenundachtzig Stufen 45
Kurt Marti Mit Musik im Regenwind fliegen 46
Leonie Ossowski Die Metzgerlehre 46
Gina Ruck-Pauquèt Das dritte Opfer im Kriminalfall X 47

Begegnung mit anderen Menschen
Federica de Cesco Spaghetti für zwei 48
Erich Fried Begegnung mit einem schlechten Menschen 50
Roland Gallusser Das Gewehr im Bett 51
Ernst Kreuder Luigi und der grüne Seesack 51

Krieg und Unterdrückung
Anna Seghers Das Schilfrohr 52
Walter Landin Großvater 53
Johanna Braun/Günter Braun Das Schild an der Ladentür 54
Tilde Michels Freundschaftsringe 54
Max von der Grün Kinder sind immer Erben 55

Das gibt's doch nicht!
Alois Brandstetter Einläßliche Beschreibung der Maulschelle 56
Kurt Kusenberg Mal was andres 57
Helga Schubert Märchen von den glücklichen traurigen Menschen 58

Gabriele Wohmann Grün ist schöner 59
Rudolf Otto Wiemer Niemand 59
Bernhard Gurtner Sehr geehrter Herr Spitalpräsident 60
Jürg Schubiger Mabo 60
Franz Hohler Ein erschreckender Anblick 61
Marie Luise Kaschnitz Das letzte Buch 62

Geschichten für das 9./10. Schuljahr

Wer bin ich?

Renate Anders Was ich fühle 63
Margret Steenfatt Im Spiegel 64
Gabriele Wohmann Der Knurrhahn-Stil 65
Wolfgang Koeppen Taugte Frieda wirklich nichts? 65
Margarete Kubelka Wiederbegegnung im Feuer 66
Max Frisch Freunde und Fremde 67

Alltag

Lutz Rathenow Beide 69
Silvio Blatter Heinz L. 70
Silvio Blatter Fritz H. 70
Heike Doutiné Eine Frau wie Sie 71
Angelika Mechtel Katrin 71
Brigitte Prettner Der Brief 72
Jürg Amann Zu spät 72
Jürg Amann Altes Paar 73
Heinrich Wiesner Nichts 73

Menschen nicht (?) wie du und ich

Jürg Federspiel Schweizer, einem Mißgeschick zuschauend 74
Robert Walser Basta 75
Ben Witter Ernst H. Müller und Schluß 75
Zeitungsmeldung Todessturz 75
Daniel Grolle Ehrensache 76
Rolf Haufs Er 76
Wolfdietrich Schnurre Beste Geschichte meines Lebens 77
Kurt Marti Flörli Ris 78
Hilde Spiel Der Andere 78

Grenzerfahrungen

Marlen Haushofer Die Ratte 79
Wolfdietrich Schnurre Auf der Flucht 80
Rolf Schneider Schmetterlinge 80
Anna Gabrisch Traum von einer Art von Sterben 81

Vergnügliches und Verwirrendes
Meinrad Inglin Begräbnis eines Schirmflickers 82
Hans Carl Artmann Ein Doppelleben 82
Herbert Heckmann Hans im Glück 83
Irmtraud Morgner Sendung 83
Thomas Bernhard Umgekehrt 84
Ralf Thenior Der Fall 84
Marie Luise Kaschnitz Zu Hause 84
Wolfgang Bächler Stadtbesetzung 85

Einleitung

Zur Textauswahl

Mit den drei Geschichten-Bänden wird ein Textangebot zur Verfügung gestellt, das Lehrende in den unterschiedlichsten Situationen nutzen können: in Vertretungs- oder anderen Einzelstunden, für die ein überschaubarer Text gesucht wird; als Ergänzung zum Stoffangebot im Lesebuch, wenn zu einem bestimmten Problemkomplex zusätzliches Material eingesetzt werden soll; zur Gestaltung größerer Unterrichtseinheiten, für die mehrere Geschichten aus den Bänden zusammengestellt werden. Die Geschichten-Bände habe ich dementsprechend so angelegt, daß sowohl einzelne Geschichten herausgegriffen als auch Einheiten mit inhaltsähnlichen Texten gebildet werden können.

Die Auswahl ist stark von den methodischen Möglichkeiten bestimmt; ich habe Texte gesucht, die sich für eine produktive Verarbeitung (Anregungen zum kreativen Schreiben, zum Spielen u.ä.) eignen. In diesem Lehrerband lege ich denn auch auf solche Unterrichtsvorschläge den Schwerpunkt, nicht zuletzt ausgehend von der Überlegung, daß die Verfahren des Interpretationsgesprächs und der Textanalyse den Lehrern in der Regel gut vertraut, die Möglichkeiten des produktiven Umgangs aber noch wenig bekannt sind. Die Ausrichtung an dieser methodischen Zielsetzung ist der Grund dafür, daß in den Sammlungen viele Texte mit offenem Schluß enthalten sind.

Ein weiteres Kriterium für die Auswahl ist das Anliegen gewesen, Texte aufzunehmen, die in bisherigen Lesebüchern und Textsammlungen für den Schulgebrauch noch nicht oder nur selten vertreten sind. Deshalb sind Beispiele aus der neuesten Literatur besonders stark berücksichtigt.

Selbstverständlich hat die Frage der Altersangemessenheit bei der Auswahl eine zentrale Rolle gespielt. Schon die Themen der Textgruppen sind auf diesen Aspekt abgestellt. Für die Altersstufe 5/6 sind die Texte überwiegend der Kinderliteratur entnommen, bei 7/8 der Jugendliteratur, erst bei 9/10 hat die Erwachsenenliteratur größeren Anteil. Im einzelnen ist die Streubreite des Schwierigkeitsgrades allerdings recht groß, was dem Leistungsprofil in Schulklassen entspricht: Gerade in der Sekundarstufe I gibt es ja große Unterschiede in den Verstehensfähigkeiten. Deshalb finden sich in den vorgelegten Sammlungen einfachere und schwierigere Texte, so daß den Unterrichtenden ein Spielraum für die der jeweiligen Klasse angemessene Auswahl bleibt. — Auch in der Thematik ist die Streubreite bewußt groß gehalten; neben amüsanten, zum Teil auch harmlosen Texten finden sich andere, die in harter Weise den Leser mit Problemen konfrontieren.

Die Einsatzmöglichkeiten der Geschichten-Bände sind allerdings nicht auf die angegebenen Klassenstufen beschränkt. Ich habe einen großen Teil der kreativen Arrangements zu den Texten auch mit Erwachsenen durchgeführt. Die Textsammlung und der Lehrerkommentar können deshalb auch als Kompendium für Schreibwerkstätten und als Fundgrube für den Unterricht in der Sekundarstufe II verwendet werden.

»Geschichten« — eine gattungstheoretische Bemerkung

Kurzprosa konnte lange Zeit verhältnismäßig unproblematisch in definierte Untergattungen eingeteilt werden: Märchen, Fabel, Parabel, Anekdote, Kurzgeschichte, Kalendergeschichte u.a. bildeten das Repertoire, von dem man ausging und das man auch der didaktischen Planung zugrunde legte. In der jüngsten Literatur sind die Grenzen zwischen diesen Untergattungen fließend geworden. Märchenhaftes verbindet sich mit Formgebungen, die in der Kurzgeschichte der Nachkriegszeit entwickelt worden sind, parabolische vermischt sich mit realistischer Schreibweise usf. Die Bände habe ich deshalb mit dem eher unspezifischen Begriff »Geschichten« betitelt. Die Auswahl soll die Vielfalt heutiger Formen der Kurzprosa widerspiegeln. Eine gattungsorientierte Didaktik ist nicht beabsichtigt; wenn die Autoren mit vielfältigsten Ausdrucksformen spielen, hat es wenig Sinn, die Erarbeitung fester Merkmale in den Vordergrund zu stellen. Was noch für die Kurzgeschichte der Nachkriegszeit sinnvoll und möglich gewesen ist, hat, bezogen auf die neueste Literatur, kaum mehr eine Berechtigung. Das heißt freilich nicht, daß im Unterricht nicht auch die Aufmerksamkeit auf die Gestaltungsformen gelenkt werden soll. In den methodischen Hinweisen finden sich entsprechende Vorschläge bei denjenigen Texten, die sich dafür besonders eignen. Es soll dabei nicht um ein Erlernen normativer Gattungsmerkmale gehen, sondern um die Entdeckung der jeweils unterschiedlichen, aber oft auch verwandten literarischen Gestaltungsmöglichkeiten.

Zu den didaktischen Zielsetzungen

Worauf, wenn nicht auf die Erarbeitung von Gattungsmerkmalen, soll es denn in der Beschäftigung mit Geschichten ankommen? Ich sehe vor allem drei grundlegende Zielsetzungen:
1. In der Auseinandersetzung mit Texten kann sich die Beschäftigung mit dem eigenen Ich, der eigenen Lebenssituation spiegeln — sei es, daß sich die Heranwachsenden in Texten selbst wiederfinden, sei es, daß sie sich von den in den Geschichten geschilderten Figuren und Situationen abgrenzen. Neben den Bezügen zu aktuellen Lebenserfahrungen kann beim Lesen die Antizipation von Entwicklung, z.B. im Hinblick auf die Ablösung von Autoritäts- und Bezugspersonen, auf die Beziehung zum anderen Geschlecht oder auf das künftige Berufsleben, wichtig werden. Literatur wird so zu einer Hilfe in der Verarbeitung vergangener und gegenwärtiger Erfahrung und der Vorbereitung auf künftige Lebenssituationen. Schüler in der Sekundarstufe I befinden sich in einer besonders akuten Phase der Identitätsfindung; die Pubertät ist das Alter, in dem — oft krisenhaft gesteigert — sich das Individuum von den Rollenvorgaben der Umwelt ablösen und auf sich selbst besinnen will. Auf diese Umwälzung im Selbstverständnis vorzubereiten und ihre Bewältigung zu unterstützen kann eine wichtige Funktion von Beschäftigung mit Literatur sein.
2. Nicht minder wichtig allerdings ist die Hinführung zum Verstehen anderer Menschen. Literarische Texte vermitteln uns fremde Perspektiven, lassen uns andere Sichtweisen nachvollziehen. Sie fördern somit das gefühls- und verstandesmäßige Sich-Hineinversetzen in andere Menschen — in der Wissenschaft in der Regel als Empathie und Perspektivenübernahme bezeichnet —, das als grundlegende Voraussetzung für soziales Verhalten im privaten und im öffentlichen Bereich zu betrachten ist. Auch in diesem Zusammenhang kommt der Lebensphase, in der sich die Heranwachsenden während der Sekundarstufe I befinden, eine besondere Bedeutung zu. Vom 10. bis zum 17. Lebensjahr lösen sich die Jugendlichen von der egozentrischen Sichtweise der Kindheit, bei der dem anderen jeweils die eigenen Gefühle und Gedanken unterstellt werden, und eignen sich in zunehmendem Maße die Fähigkeit an, die Andersheit fremder Erlebnisperspektiven nachzuvollziehen. Aber nicht nur die bloße Vergegenwärtigung anderer Sichtweisen spielt dabei eine Rolle, sondern auch das Verständnis der Verschränktheit von Perspektiven: Denn es hat ja nicht nur jeder seine eigene Sicht von der Welt, sondern jeder hat auch eine Vorstellung davon, wie seine Mitmenschen ihn selbst sehen. Unser ganzes soziales Verhalten ist von solchen Vorstellungen und Annahmen bestimmt — das reicht bis zu so komplizierten Konstella-

tionen, bei denen wir uns in einer bestimmten Weise verhalten, weil wir meinen, wir könnten damit den anderen beeinflussen, zu meinen, wir seien ja ganz anders, als er bisher gemeint hat. In literarischen Texten wird der Leser nicht nur zur Identifikation mit verschiedenen Perspektiven angehalten, sondern es wird ihm auch vorgeführt, wie Perspektiven in unterschiedlichster Weise aufeinander bezogen sein können. Durch intensiven vorstellungsmäßigen Nachvollzug der Figurenperspektiven und das Nachdenken über die Verhaltensweisen der Figuren kann Literaturunterricht daher einen wesentlichen Beitrag zur Differenzierung von Empathie und Perspektivenübernahme leisten. — Wenn Texte von früheren Zeiten handeln, wird die Perspektivenübernahme zugleich zu einem Ansatzpunkt für das historische Verstehen. Geschichten über die Nazizeit z.B. können anschaulich vermitteln, in welchen Situationen Menschen damals lebten und von welchen Motiven ihr Handeln bestimmt war. — Eine enge Verbindung ergibt sich schließlich zur Ausbildung der moralischen Kompetenz. Das Verstehen anderer Menschen (was nicht ein Gutheißen ihres Handelns bedeuten muß) ist Voraussetzung für humanes, moralisches Verhalten, das nicht nur in der bloßen Befolgung von Lehrsätzen besteht, sondern auf lebendiger Mitmenschlichkeit beruht. Auch dazu können Geschichten ihren Beitrag leisten.
3. Schließlich vermögen Geschichten in unterschiedlichster Weise die Kreativität der Lesenden zu fördern. Literatur appelliert an die Vorstellungskraft, regt eine produktive Verarbeitung von Erfahrungen an und lädt dazu ein, sich Ungewohntes, Neues, Fremdes zu vergegenwärtigen. Auf der inhaltlichen Ebene mögen dies phantastische Geschichten am stärksten bewirken, bei sprachspielerischen wird auch ein kreatives Verhältnis zur Sprache als Material angeregt. Literaturunterricht sollte diese kreativen Potentiale, die in Texten stecken, zur Entfaltung bringen.

Zur Begründung produktiver Verfahren im Literaturunterricht

Die kreativen Formen des Umgangs mit Literatur, die in diesem Lehrerband im Vordergrund stehen, kennzeichnen die Literaturdidaktik seit 1980. Sie gehen zurück auf die rezeptionsästhetischen Überlegungen, die die Diskussion der 70er Jahre bestimmten: Die Rezeptionsästhetik hatte gezeigt, daß sich der Leser bei der Lektüre Vorstellungsbilder schafft und so zum Mitschöpfer des Textes wird; Lesen kann deshalb als ein kreativer Akt bezeichnet werden. Die Umsetzung der rezeptionsästhetischen Einsichten hatte in der Literaturdidaktik zunächst dazu geführt, daß man den subjektiven Anteil in den Interpretationen stärker akzeptierte und die Schüler gezielt zur Äußerung ihrer Empfindungen, Vorstellungen und Gedanken ermunterte. In einer zweiten Phase der rezeptionsästhetischen Literaturdidaktik ist man dazu übergegangen, subjektive Textdeutungen nicht nur ins Unterrichtsgespräch einzubeziehen, sondern die Schüler anzuregen, sich auch schriftlich kreativ mit den Texten auseinanderzusetzen. Im Rahmen eines solchen Unterrichtes werden Texte weiter- und umgeschrieben, nachgeahmt, verfremdet. Die Vorteile eines solchen Vorgehens werden vor allem in den folgenden Punkten gesehen:

— Produktionsaufgaben halten zu einer besonders intensiven Vergegenwärtigung des literarischen Textes an;
— neben die kognitive Verarbeitung des Textes, die in der traditionellen Textanalyse dominiert, tritt die emotionale und imaginative Verarbeitung;
— im Sinne eines integrativen Unterrichts werden Beschäftigung mit Literatur und Schreiben zu einer neuen Verbindung geführt;
— bei schriftlichen Produktionsaufgaben werden in der Regel mehr Schüler zur Mitarbeit herangezogen als bei einer nur mündlichen Besprechung, weil bei der schriftlichen Aufgabe jeder mit der Arbeit beschäftigt ist;
— schriftliche Produktionsaufgaben fördern das entdeckende Lernen, sie entsprechen einem learning by doing.

Dem produktionsorientierten Literaturunterricht wird gelegentlich vorgeworfen, er nehme die literarischen Texte nicht mehr ernst, weil er sie nur noch als Auslöser für die Kreativität der Schüler verwende. Nun können in der Tat literarische Vorlagen in dieser Weise verwendet werden, und wenn das Ziel nicht das Textverstehen ist, ist dagegen auch nichts einzuwenden. Aber die produktiven Verfahren können ebenso das Sicheinlassen auf einen Text verstärken. Wenn z.B. ein innerer Monolog einer Figur erdacht werden soll, dann erfordert eine solche Aufgabe, daß sich der schreibende Leser mit der Figurengestaltung im Text so auseinandersetzt, daß er eine differenzierte Vorstellung von der inneren Verfassung, den Empfindungen und Gedanken der Figur gewinnt; aber auch die äußeren Handlungszusammenhänge, in die die Figur verstrickt ist, muß er sich verdeutlichen, denn sie beeinflussen ihre Einstellung und ihr Verhalten. Bei den methodischen Vorschlägen, die ich unten zu den Geschichten der Auswahlbände mache, stehen derartige Produktionsaufgaben, die ein Sicheinlassen auf die Texte verstärken, im Vordergrund. Aber es gibt ebenso Vorschläge, die den Schülern einen freieren Lauf der Phantasie erlauben oder die das Nachdenken über eigene Erfahrungen und Erlebnisse anregen.

Da ich bei den methodischen Hinweisen zu den einzelnen Texten weder geschlossene Unterrichtsmodelle vorlege noch erschöpfend alle methodischen Möglichkeiten aufzähle, stelle ich die wichtigsten Vorgehensweisen hier zunächst in einer systematischen Anordnung zusammen. Die konkrete Unterrichtsgestaltung muß meines Erachtens von der Situation der jeweiligen Klasse abhängig gemacht werden. Bezogen auf die produktiven Verfahren ist darauf hinzuweisen, daß Schulklassen, denen diese Vorgehensweisen noch nicht bekannt sind, schrittweise an sie herangeführt werden müssen. Es kann sein, daß sie zunächst etwas verwundert reagieren, wenn sie selber kreativ sich mit Texten auseinandersetzen sollen. Die Erfahrung zeigt aber, daß die Verfahren in der Regel nach kurzer Zeit ganz selbstverständlich angewendet werden.

Methodische Bausteine zur Behandlung von Geschichten in der Sekundarstufe I

Vorlesen

Durch Vorlesen können Texte in lebendiger Weise zur Wirkung gebracht werden – allerdings nicht, wenn der Vortrag nur ein stockendes Erlesen ist. Schüler, die einen Text zum ersten Mal zu Gesicht bekommen, können ihn in der Regel kaum sinntragend vorlesen. Man sollte es sich deshalb zur Regel machen, daß Texte nur nach entsprechender Vorbereitung laut gelesen werden. Es kann z.B. einem Schüler der Auftrag gegeben werden, bis zur folgenden Stunde einen bestimmten Text für den Vortrag vorzubereiten. Das Verfahren hat den Vorteil, daß für die anderen der Text noch neu ist und die Spannung beim Zuhören gewahrt bleibt. Es ist aber auch durchaus sinnvoll, daß der Lehrer Texte vorliest. Ebenso berechtigt ist das früher geradezu als Standardverfahren geltende Vorgehen, am Ende der Textbesprechung den jeweiligen Text noch einmal laut im Sinne eines Interpretationsergebnisses vorlesen zu lassen. Textsammlungen, wie die hier vorgelegten, bieten darüber hinaus die Möglichkeit, daß sich Schüler selbst einen Text aussuchen, den sie dann vorlesen und kurz kommentieren. – Daß Vorlesen und Zuhören in den vergangenen zwei Jahrzehnten etwas in den Hintergrund getreten sind, mag damit zusammenhängen, daß sich die Vorlesetechnik gewandelt hat. Während früher, wie z.B. alte Schallplattenaufnahmen zeigen können, oft mit großem Pathos vorgetragen wurde, sind die Vorleseweisen heute eher von einem Understatement geprägt. Das heißt aber noch lange nicht, daß das Vorlesen nun ein bloßes Runterlesen sein soll, zu dem es in der Schule mittlerweile oft degeneriert ist. Für die Verbesserung der Vorlesetechnik der Schüler ist es meist schon hilfreich, wenn zum weniger schnellen Vorlesen angehalten wird. Das ist gerade auch deshalb sinnvoll, weil bei einer Vorleseweise, die nicht mehr so sehr mit starken Betonungen arbeitet, die Wirkung der Pausen wichtig wird. Bei lustigen Texten allerdings ist es nach wie vor angebracht, eine gewisse zur Schau gestellte Virtuosität zum Zuge kommen zu lassen, wenn jemand dafür eine Begabung hat.

Das interpretierende Vorlesen kann auch ein erster Schritt zum Hörspiel sein. Mit kurzen Dialogen, auf Band gesprochen, läßt sich z.B. die Wirkung verschiedener Gestaltungsweisen auf die Zuhörer überprüfen.

Interpretationsgespräch

Die gängigste Form der Auseinandersetzung mit Texten im Unterricht ist das Interpretationsgespräch. Man sollte allerdings nicht zwanghaft davon ausgehen, daß jeder Text, der in den Literaturunterricht eingebracht wird, interpretiert werden muß; es gibt eine ganze Reihe anderer sinnvoller Formen der Beschäftigung mit Texten. Interpretation ist dann angebracht, wenn sich ein Text dem Verständnis nicht ohne weiteres erschließt. Ziel der Interpretation ist ein vertieftes Verstehen.

Was das methodische Vorgehen betrifft, sollte vor allem folgendes beachtet werden: Äußerungen über die Wirkung, die ein Text auf die Schüler ausübt, bilden in der Regel einen sinnvollen Einstieg in das Interpretationsgespräch (ein solcher Einstieg wird oft als Spontanphase bezeichnet, weil die ersten Reaktionen möglichst ohne Lenkung und ohne methodische Systematik geäußert werden sollen). Ansatzpunkte zur vertiefenden Weiterführung des Gesprächs ergeben sich vor allem dann, wenn die ersten Reaktionen voneinander abweichen oder die Schüler Fragen stellen (z.B. im Zusammenhang mit Verständnisschwierigkeiten oder in bezug auf die Wertung des Textes oder der Figuren und ihres Handelns). Wenn sich keine derartigen Anknüpfungspunkte ergeben, ist es sinnvoll, daß der Unterrichtende einzelne Stellen, die für die Deutung ergiebig sind, zur Diskussion stellt. Dabei sollten allerdings Lehrerfragen, auf die nur eine ganz bestimmte Antwort zu geben ist, möglichst vermieden werden. Denn sie führen dazu, daß die Schüler nicht mehr so sehr an den Text denken, sondern sich überlegen, was denn der Lehrer wohl hören möchte. Man muß nach Fragestellungen suchen, die für die Beantwortung einen gewissen Spielraum eröffnen. Das können z.B. Fragen nach den Handlungsmotiven von Figuren, nach ihren möglichen Gedanken und Empfindungen, nach der Auflösung scheinbarer Widersprüche im Text, nach der Klärung unerwarteter Wendungen im Handlungsgeschehen usw. sein. Das Sicheinlassen auf den Text, seine Figuren, den erzählten Geschehenszusammenhang und seine Hintergründe ist dabei wichtiger als ein vorschnelles Fragen nach der Intention des Autors. Denn es sollte ja der Text in seiner literarischen Gestalt und nicht das, was sich der Autor dabei gedacht hat, zur Entfaltung kommen.

Textanalyse

Für textanalytische Fragestellungen bieten kurze Prosatexte mannigfache Möglichkeiten. Bei der Analyse steht die Frage, wie ein Text gemacht ist, im Vordergrund, während für die Interpretation die Frage nach dem Sinn leitend ist. Interpretation und Analyse werden allerdings in der Regel eng miteinander verbunden, weil textanalytische Einsichten oft auch vertieftes Verstehen bewirken. Bei kurzen Geschichten kommen für textanalytische Fragestellungen in erster Linie Probleme der Erzählperspektive, der Redeformen (Erzählerrede, direkte, indirekte, erlebte Rede, innerer Monolog), der Zeitstruktur, aber auch Symbole und Stil eines Textes in Frage. Methodisch besonders ergiebig ist dabei der Vergleich, er macht sinnfällig, daß das Thema und Motiv auf ganz unterschiedliche Weise gestaltet werden kann.

Antizipieren

Wenn wir eine Geschichte lesen, entsteht Spannung dadurch, daß wir unser Interesse auf den jeweiligen Fortgang richten. Dieses Neugierverhalten, das wesentlich zum Vergnügen am Lesen beiträgt, kann man fördern, wenn man nicht nur über das jeweils Gelesene spricht, sondern auch über die Erwartungen, die man im Hinblick auf den weiteren Fortgang hegt. Schon ein Gespräch über den Titel einer Geschichte kann eine aufmerksame Erwartungshaltung verstärken. Während der Lektüre kann man jeweils nach einigen Abschnitten innehalten und Gedanken über den weiteren Fortgang anstellen lassen. Besonders ertragreich sind dafür Stellen, bei denen eine Figur vor einer Entscheidungssituation steht. Man kann dabei sogar gezielt mehrere Varianten für einen möglichen Fortgang entwickeln – z.B. eine besonders gute und eine besonders schlechte. Oft ist es reizvoll, den Schluß eines Textes zunächst wegzulassen und sich selbst einen solchen zu überlegen; durch den Vergleich mit der originalen Fassung ergibt sich leicht ein Einstieg in ein Interpretationsgespräch, da die Botschaft eines Textes im Schluß besonders deutlich zum Ausdruck kommt. – Die antizipierenden Verfahren lassen sich mündlich und schriftlich durchführen. Insbesondere beim schriftlichen Weitererzählen ist es wichtig, daß die Schülervorschläge nicht gegenüber dem Original abgewertet werden. Oft sind ja auch durchaus verschiedene Verläufe denkbar. Selbst ein deutlicher Stilbruch kann interessant sein, wenn er den Unterschied zwischen der Textwelt und dem Erfahrungshorizont und Empfinden des Rezipienten ins Bewußtsein hebt.

Ausgestalten

Neben dem Antizipieren von Fortsetzungen und Schlüssen gibt es eine ganze Reihe weiterer Möglichkeiten, gestaltend einen Text weiterzuentwickeln:

— Man kann sich Briefe ausdenken, die die Figuren einander schreiben könnten. Das setzt eine genaue Vergegenwärtigung der jeweiligen Situation und der Figuren voraus und ist als Schreibaufgabe dennoch nicht besonders schwierig, da Briefe als Textsorte den Schülern vom Alltag her vertraut sind. Der Brief kann so zur Brücke zwischen dem Alltagsschreiben und dem literarischen Schreiben werden.
— Statt sich in eine Figur zu versetzen und in ihrem Namen einen Brief zu verfassen, kann man auch als die Person, die man ist, einen Brief an eine Figur schreiben und ihr darin z.B. sagen, wie man über sie denkt.
— Eine dem Briefschreiben verwandte Form ist das Erstellen eines Tagebuchs, das eine Figur geschrieben haben könnte. Damit wird insbesondere eine intensive Beschäftigung mit dem Innenleben einer Figur angeregt.
— Als weitere Möglichkeit bietet sich das Ausdenken eines inneren Monologs einer Figur an, z.B. darüber, was sie über eine andere Figur denkt (damit lassen sich übrigens Personenbeschreibungen entwickeln, die etwas abwechslungsreicher sind als die traditionellen Personencharakteristiken).
— Teile von Geschichten, die nur raffend erzählt sind, können ausführlicher ausgestaltet werden.
— Gespräche, von denen in einem Text die Rede ist, ohne daß sie wörtlich wiedergegeben sind, können als Dialog entwickelt werden — oder man denkt sich sogar ein Gespräch aus, das in der Vorlage gar nicht vorgesehen ist (z.B. indem man annimmt, daß sich zwei Figuren zufällig getroffen hätten).
— Oft läßt sich auch über das Ende einer Geschichte hinaus eine Fortsetzung entwickeln.
— In ähnlicher Weise kann man eine Vorgeschichte zu einer Geschichte entwickeln, z.B. indem man erzählt, was eine Figur früher erlebt haben mag — vielleicht ergibt das eine Erklärung für die Verhaltensweisen, die die Figur im Text kennzeichnen.
— Man kann sich auch eine zusätzliche Figur ausdenken und überlegen, was geschehen würde, wenn sie mit den Figuren des Buches zusammenträfe.

— Schließlich kann man sich selber in eine Geschichte hineinphantasieren und erzählen, wie man sich in den jeweiligen Situationen verhalten würde.

Transformieren

Beim Transformieren wird ein Text nicht nur ausgestaltet, sondern bewußt verändert (wobei die Grenzen zwischen den beiden Verfahren freilich fließend sind). In Frage kommen vor allem die folgenden Möglichkeiten:
— Eine Geschichte (oder ein Abschnitt daraus) wird aus veränderter Perspektive umgeschrieben, wobei sowohl die Perspektive einer im Text vorkommenden als auch einer zusätzlich erfundenen Figur in Frage kommt.
— Zu einem vorliegenden Text wird ein anderer Schluß geschrieben (z.B. die schlechtestmögliche Variante bei einem Text mit happy end und umgekehrt).
— Man ändert bei einer Geschichte ein Handlungsmerkmal und erzählt, wie nun die Geschichte weitergehen könnte (z.B. ein Geheimnis wird vorzeitig aufgedeckt).
— Ein Text wird in eine andere Textsorte umgeschrieben (z.B. in eine Zeitungsmeldung oder ein Gedicht).

Spielen

Das Spielen aus dem Stegreif gehört zu den gängigen Verfahren im Literaturunterricht. Dabei muß nicht immer die ganze Geschichte gespielt werden; auch die spielerische Vergegenwärtigung einzelner Szenen oder sogar nur das Anspielen von Situationen hat seinen Sinn. Aufwendiger ist es, wenn aus einer Geschichte zunächst eine dialogisierte Spielvorlage erarbeitet wird. Mit der Pantomime, dem Hör- und Videospiel sind weitere methodische Möglichkeiten gegeben. Die didaktischen Zielsetzungen sind bei den Spielformen jeweils recht unterschiedlich:
— durch die spielerische Umsetzung von Geschichten wird die Vorstellungsbildung aktiviert;
— jedes Spiel ist immer auch ein Stück Interpretation und kann deshalb als Hinführung oder Ergebnis einer Deutung eingesetzt werden;
— ein Ziel kann auch die Einsicht in die unterschiedlichen medialen Voraussetzungen sein (geschriebener Text gegenüber szenischer Darstellung, geschriebener Text gegenüber Hörspiel usw.);
— schließlich spielen die Förderung der Redefähigkeit und der differenziertere Umgang mit dem eigenen Körper beim Spielen eine Rolle.

Zum Aufbau der Geschichtenbände

Der Aufbau der Geschichten-Bände entspricht den oben ausgeführten didaktischen Zielsetzungen. Die Bände beginnen jeweils mit Texten, die einen direkten Bezug zur Erfahrungswelt der Kinder und Jugendlichen herstellen; die Protagonisten sind dabei in der Regel im Alter der Schüler, für die der jeweilige Band gedacht ist. Die Frage nach dem eigenen Ich und seiner Stellung in der sozialen Umwelt (Freunde, Familie) steht im Vordergrund. Im Band für das 5./6. Schuljahr ist die erste Textgruppe mit »Freund sein – Feind sein« überschrieben und stellt, der sozialen Außenorientierung der Altersstufe entsprechend, den Bezug zu anderen Menschen in den Vordergrund. – Im Band für das 7./8. Schuljahr hat die erste Textgruppe den Titel »Jugendzeit – schöne Zeit?«; damit wird Bezug genommen auf die Alterssituation der Schüler, die von der Kindheit Abschied nehmen und Jugendliche werden. Entsprechend stehen Probleme dieser Übergangszeit in den ausgewählten Texten im Vordergrund. – Im Band für das 9./10. Schuljahr heißt dann die einleitende Textgruppe »Wer bin ich?«; sie greift die Frage der Selbstfindung, die in diesem Alter viele Heranwachsende besonders beschäftigt, ausdrücklich auf.

In den jeweils folgenden Textgruppen wird der Erfahrungshorizont immer mehr erweitert. Im Band für das 5./6. Schuljahr verweist die Textgruppe »Wünsche« zunächst auf Gegenwelten zum gewöhnlichen Alltag hin; die Auseinandersetzung mit Wunschvorstellungen richtet den Blick auf Zukünftiges, kann aber ebenso durch Vergleich mit der Wirklichkeit das Realitätsbewußtsein stärken oder einen kritischen Blick auf die gegebene Erfahrungswelt hervorrufen. Das anschließende Kapitel »Leute« leitet über zur Auseinandersetzung mit erwachsenen Menschen und ihren Schicksalen. – Im Band für das 7./8. Schuljahr schließt ein entsprechendes Kapitel gleich an die erste Textgruppe an; es ist »Begegnung mit anderen Menschen« betitelt. Darauf folgt eine Textgruppe »Krieg und Unterdrückung«, die eine historische Perspektive auf das Dritte Reich und den Zweiten Weltkrieg eröffnet und so das Verstehen anderer Menschen zu einem Verstehen von sozialen Verhältnissen in einer vergangenen Zeit erweitert. – Im Band für das 9./10. Schuljahr schließt sich an die Eingangsgruppe ein Kapitel »Alltag« an, in welchem erwachsene Menschen in unterschiedlichen Alltagssituationen gezeigt werden. Die Textgruppe ist sowohl Vorbereitung auf das Erwachsensein als Anstoß, sich in fremde Menschen hineinzudenken. Letzteres steht dann im Vordergrund bei der darauf folgenden Textgruppe »Menschen nicht (?) wie du und ich«. Das eingeklammerte Fragezeichen signalisiert, daß auch im Fremden auf unterschiedliche Weise Eigenes erkannt werden kann. Mit der anschließenden Textgruppe »Grenzerfahrungen« werden Texte präsentiert, die von Krieg, Krankheit, Konzentrationslagern und Tod handeln.

Den Abschluß bilden in allen Bänden Texte, die vom Komischen, Spielerischen über das Surreale bis zum Phantastischen reichen. Vergnügliches verbindet sich dabei mit Irritierendem, das zum Nachdenken und auch zur Betroffenheit führen kann; »Geschichten zum Rätseln und Schmunzeln« heißt die entsprechende Textgruppe im Band für das 5./6. Schuljahr, »Das gibt's doch nicht!« die Gruppe im Band für das 7./8. Schuljahr, »Vergnügliches und Verwirrendes« die Gruppe im Band für das 9./10. Schuljahr.

Zu den methodischen Vorschlägen

Die methodischen Anregungen enthalten vor allem Vorschläge für Produktionsaufgaben; sie stellen nicht geschlossene Unterrichtsmodelle vor, sondern zeigen jeweils mehrere methodische Möglichkeiten auf, aus denen der Lehrer auswählen kann. Etliche Vorschläge können sowohl mündlich als auch schriftlich durchgeführt werden.

Bei vielen Texten bietet es sich an, den Schülern mehrere Produktionsaufgaben zur Wahl zu stellen; das bringt größere Vielfalt in den Unterricht und schafft einen gewissen Spielraum, der für kreative Tätigkeiten förderlich ist. Es kann auch parallel an mehr als einem Text gearbeitet werden. – An die Ausführung von Produktionsaufgaben schließt sich im Unterricht in der Regel eine Vorlesephase an; dabei wird es meist nicht möglich sein, daß alle ihren Text vortragen. So empfiehlt es sich, gelegentlich in Gruppen vorlesen zu lassen; da kommen alle dran. Der Lehrer sollte sich frei machen von der Vorstellung, daß er selbst jeden Text, den Schüler im Unterricht schreiben, auch hören oder lesen muß. – An die Vorlesephase schließt sich meist ein Gespräch über die vorgetragenen Lösungen an; aber es gibt durchaus Situationen, wo man es beim Schreiben und Vorlesen beläßt. Für Auswertungsgespräche bieten selbstgeschriebene Texte vielfältige Ansatzpunkte. Man kann über unterschiedliche Realisierungen diskutieren, man kann mit dem Originaltext vergleichen, es können sich Interpretationsfragen zum Ausgangstext ergeben, man kann über Figuren und ihr Verhalten diskutieren, Sprachbeobachtungen anstellen, Erzählweisen erörtern usf. Vorsicht ist bei eventueller Kritik an den geschriebenen Texten geboten; die Schreibmotivation ist schnell verspielt. – Wo immer es geht, ist es m.E. übrigens angebracht, daß der Lehrer mitschreibt; das baut ein klein wenig die ungleiche Rollenverteilung ab. Ich habe die Produktionsaufgaben zu den einzelnen Texten deshalb bewußt in Wir-Form ausgedrückt (»Wir schreiben eine Fortsetzungsgeschichte...« u.ä.).

Wenn die Schüler etwas Erfahrung mit Produktionsaufgaben haben, kann man sie auch selbst Schreibanlässe zu den Texten suchen lassen. Sehr ertragreich ist es, wenn man Schreibvorschläge zu einem Text in der Klasse sammelt. Das kann z.B. so geschehen, daß man den Text vergrößert und dreimal auf je einen Tisch legt; die Klasse teilt sich in drei Gruppen auf, die sich um je einen der Tische stellen. Wem eine Schreibanregung einfällt, schreibt sie auf das Blatt. Wenn mehrere Vorschläge zusammengekommen sind, kann man eine stichwortartige Zusammenstellung an der Tafel vornehmen. Dann wählt jeder eine der angeführten Schreibaufgaben.

Die Arbeit mit den Produktionsaufgaben wird im Unterricht meist mit Fragen zur Texterschließung und einem Interpretationsgespräch verbunden sein. In den methodischen Vorschlägen gebe ich auch dazu einige Anregungen. Was an Texterarbeitung zur Inhaltssicherung nötig ist, wird man im Hinblick auf die jeweilige Klasse entscheiden müssen.

Literaturhinweise und Dank

Es gibt inzwischen eine reichhaltige didaktische Literatur zu den kreativen Verfahren im Literaturunterricht. Besonders viele Anregungen habe ich durch Gerhard Haas gewonnen; vgl. vor allem:

Gerhard Haas: Handlungs- und produktionsorientierter Literaturunterricht in der Sekundarstufe I. Hannover: Schroedel 4. Auflage 1989

Eine ausführliche didaktische und methodische Erörterung des Umgangs mit moderner Kurzprosa im Unterricht enthält mein Bändchen:

Kaspar H. Spinner: Moderne Kurzprosa in der Sekundarstufe I. Hannover: Schroedel 3. Auflage 1988

Eine Zusammenstellung von Produktionsaufgaben mit Hinweisen auf ihre jeweilige didaktische Leistung habe ich ferner vorgelegt in:

Heiner Willenberg u.a.: Zur Psychologie des Literaturunterrichts. Frankfurt a.M.: Diesterweg 1987, S. 188–203

Unterrichtsmodelle, in die Produktionsaufgaben eingeschlossen sind, werden regelmäßig in der Zeitschrift »Praxis Deutsch« publiziert.

Bei der Auswahl der Texte für die Geschichten-Bände und der Entwicklung der Produktionsaufgaben hat Christa Schürmann-Dederichs, Aachen, mitgewirkt, bei der kritischen Durchsicht des vorliegenden Lehrerbandes Susanne Haubach, Augsburg. Den beiden sei, ebenso wie den anderen, die durch Hinweise, Anregungen, Schreibarbeit und Korrekturlesen geholfen haben, herzlich gedankt.

Geschichten für das 5./6. Schuljahr

Textgruppe »Freund sein — Feind sein«

Die Beziehung zu anderen Kindern spielt für Zehn- bis Zwölfjährige eine große Rolle. Auffallend ist bei dieser Altersgruppe immer wieder ein ausgeprägtes soziales Empfinden — der kindliche Egozentrismus ist überwunden, die pubertäre Inanspruchnahme durch die Auseinandersetzung mit der eigenen Identität ist noch nicht gegeben bzw. kündigt sich erst an. Es ist deshalb angebracht, im Unterricht Probleme der Freundschaft, des solidarischen Miteinander, aber auch der alltäglichen Konflikte zum Thema zu machen. Beschäftigung mit Freundschaft, aber auch mit Streit ist immer auch eine Auseinandersetzung mit sich selbst, umso mehr, als die Kinder in diesem Alter sich selbst noch stark von ihrem Verhältnis zu den anderen her definieren.

Manfred Mai: Eine schöne Geschichte (S.4)

Der Text gliedert sich in eine Rahmen- und eine Binnenerzählung: die letztere ist eine »schöne Geschichte«, von der Rahmenerzählung wird sie als falsche Geschichte entlarvt. So kann die Beschäftigung mit dem Text ein kritisches Lesen anbahnen: was in Geschichten steht, entspricht nicht immer den Verhältnissen der Wirklichkeit.

Auch eine moralische Dimension enthält die Geschichte. Sie erzählt von der Unterdrückung der Schwächeren durch die Stärkeren und von der Feigheit der Mitbetroffenen. Sie ist Appell für mehr Mitmenschlichkeit und mehr Mut im Einstehen für Gerechtigkeit. Diese Botschaft ist so offensichtlich, daß sie im Unterricht nicht eigens herausgearbeitet werden muß — die belehrende Tendenz würde dadurch allzu penetrant. Die Tatsache aber, daß der Text mit einem ungelösten Konflikt endet, regt zum Nachdenken über angemessene Verhaltensweisen an.

Die vorliegende Erzählstruktur mit Rahmen- und Binnenerzählung kann für die Schüler bei der ersten Lektüre eine Verstehensbarriere sein, vor allem, weil beide Geschichten in der Ich-Form erzählt sind. Das Verständnis wird erleichtert, wenn man mit der Binnengeschichte beginnt, also zunächst den einleitenden Absatz des Textes wegläßt. Für ein erstes Gespräch kann man dann vom ersten Satz des Textes (Rahmenerzählung) ausgehen: »Gestern habe ich mal wieder eine schöne Geschichte gelesen, über die ich mich richtig ärgern mußte.« Die Schüler sollen ihre eigene Meinung zur Geschichte äußern und Vermutungen anstellen, warum sich jemand über die Geschichte ärgern kann. Dann wird die Rahmengeschichte vollständig gelesen.

Zur besseren Übersicht seien hier noch die Figuren der Rahmen- und Binnengeschichte zusammengestellt.

Rollen	*Rahmengeschichte*	*Binnengeschichte*
Ich-Erzähler	Bernhard Drexler	Günther Bärlin
der Mutige	Bernhard Drexler	Arkan
die Starken	Eberhard	Hans Endrainer
	Heinz	
der Schwache	Wilhelm	Harald Bühler
Lehrer	Herr Burger	Herr Kleiner

Es empfiehlt sich, auch mit den Schülern eine Figurenzusammenstellung zu erarbeiten. Sie sagt schon einiges zu den Unterschieden der beiden Geschichten aus (zwei Starke in der Rahmengeschichte; die Position des »mutigen« Arkan fehlt in der Rahmengeschichte; allerdings übernimmt der Ich-Erzähler diese Position, muß dies freilich büßen).

In der Geschichte ist übrigens auch noch unausgesprochen das Problem des Petzens enthalten. Kinder im 5./6. Schuljahr pflegen in der Regel recht rigide nach moralischen Maßstäben zu urteilen. Die Frage nach der Rechtfertigung des Petzens führt zu einem moralischen Dilemma, das nur durch abwägende Argumentation gelöst werden kann: Darf man die Stärkeren verpetzen, wenn es um den Schutz eines Schwächeren geht? Die Schüler können sich auch andere Handlungsmöglichkeiten überlegen, z.B.: Arkan bzw. Bernhard entlastet zwar die Beschuldigten, nennt aber den wahren Schuldigen nicht, vermeidet also das Petzen. Zu überlegen wäre nun, wie unter dieser Voraussetzung die Geschichte weitergehen würde.

Vorschläge für Produktionsaufgaben

- Wie müßte die Geschichte mit Arkan (Binnengeschichte) ausgehen, damit Bernhard sagen könnte, sie stimme? Wir formulieren die Geschichte um (der Anfang bleibt, wie er ist; jeder überlegt selbst, von wo an er die Geschichte verändern will).
- Wir verändern die Geschichte mit Bernhard (Rahmengeschichte) so, daß sie der Geschichte mit Arkan (Binnengeschichte) entspricht.
- Wir schreiben die Rahmengeschichte aus der Perspektive von Wilhelm um (in Ich-Form). Dabei dürfte deutlich werden, wie Angst und Gruppenzwang das Verhalten der Beteiligten bestimmen.

- Wir schreiben die Rahmengeschichte aus der Perspektive einer Schülerin um. Die Ergebnisse bieten wahrscheinlich einen Anlaß, über »Gewalt als Rache« und »Macht durch Gewalt« als Problem der Geschichte zu sprechen.
- Wir denken uns eine Fortsetzung der Rahmengeschichte aus. Bei der Auswertung können Überlegungen darüber angestellt werden, ob eingespielte Machtstrukturen in einer Klasse geändert werden können. Interessant dürfte in diesem Zusammenhang auch die Frage sein, wie sich nach Meinung der Schüler Lehrer in solchen Situationen verhalten sollen (in der Geschichte und in der Realität).

Irmela Brender: Ich, mein Feind (S. 7)

Der Text hat die Form eines inneren Monologs und ist deshalb für Kinder auf Anhieb etwas befremdlich; nicht ein Geschehen wird erzählt, nur Gedanken werden wiedergegeben. Es ist ein innerer Widerstreit, der zur Darstellung kommt; nach dem Freudschen Modell könnte man von drei Instanzen sprechen, die im Text in einem Spannungsverhältnis zueinander stehen: Dem Es (das »irgendwas in mir«), dem Über-Ich (der moralischen Instanz) und dem Ich, das zwischen den Instanzen hin und hergerissen ist und im Text als Ich-Erzähler erscheint. Vom Leser muß erschlossen werden, daß an der Stelle, wo es heißt: »Ich nehm' nur noch rasch den Fünfziger«, der oder die Ich-Erzähler/in den Fünfziger an sich nimmt. — Zur Verständnissicherung empfiehlt es sich, zunächst die Situation, in der man sich die Hauptfigur vorstellen muß, zu klären. Dann bietet sich eine Erörterung des Titels an, der vielen Kindern wohl zunächst merkwürdig erscheint.

Vorschläge für Produktionsaufgaben
- Die erzählte Situation wird mit zwei Einflüsterern gespielt, die die beiden inneren Tendenzen des Ichs verkörpern: der eine rät vom Diebstahl ab, der andere ermuntert dazu. Da im Text die Absätze in fast regelmäßigem Wechsel die beiden Seiten zum Ausdruck bringen, sind nur wenige Erweiterungen nötig, um spielbare Äußerungen der Einflüsterer zu gewinnen.
- Wir entwerfen einen inneren Monolog zu einer anderen Situation, in der widerstreitende innere Regungen das Verhalten bestimmen. Anfang und Schluß der Vorlage werden beibehalten (»Ich bin ganz in Ordnung« — »wer bin ich?«).
- Wir schreiben einen Brief an den oder die Ich-Erzähler/in (man kann ihm oder ihr dazu einen Namen geben). Beim Schreiben wird davon ausgegangen, daß der oder die Adressat/in dem oder der Schreibenden vom Diebstahl erzählt habe.

Achim Bröger: Jenny (S.9)

Für die Mehrzahl der Schüler dürfte dieser Text in weniger direktem Bezug zur eigenen Erfahrungswelt stehen als die beiden vorherigen Geschichten. Aber die Erfahrung, daß die manchmal nur widerwillig geleistete Rücksichtnahme auf und Fürsorge für andere auch Glückserlebnisse bescheren kann, ist auf verschiedene Situationen übertragbar. Eine eingehendere Interpretation ist kaum nötig, da der Text aus sich heraus aussagekräftig ist. Auch hier lassen sich übrigens die drei Instanzen nach dem Freudschen Modell deutlich machen: Das Über-Ich weiß, daß Claudia Hilfe gegeben werden muß, das Es aber hat seine eigenen Wünsche, das Ich muß zwischen beiden Ansprüchen vermitteln und einen Kompromiß finden.

Vorschläge für Produktionsaufgaben

- Wir erzählen, wie Claudia an einem anderen Tag ein anderes Wort lernt.
- Wir schreiben auf, was Jenny über Claudia und deren Schwester (oder Bruder, das Geschlecht des Ich-Erzählers ist im Text nicht klar) denkt (vgl. dazu die Stelle: »,Mußt du wieder aufpassen?' stöhnt Jenny, und ich nicke. Es ist komisch, wie sie Claudia ansieht. Sie versteht irgendwie nicht, daß meine Schwester kaum was reden kann. Das paßt einfach nicht in Jennys Kopf.«, S. 11 Mitte). Nach der Ausführung der Produktionsaufgabe kann man sich darüber unterhalten, ob Jenny sich nicht auch anders gegenüber Claudias Schwester bzw. Bruder verhalten könnte.
- Wir denken uns aus, was die Mutter über ihre beiden Kinder denkt. Diese Aufgabe muß mündlich vorbereitet werden; man wird von zwiespältigen Gefühlen ausgehen dürfen: Liebe zum behinderten Kind, Arbeitsüberlastung, Gefühl des Angebundenseins, Hadern mit dem Schicksal, Wissen um die Aufgabe, die auch dem Bruder/der Schwester aufgetragen ist, gegebenenfalls auch Ärger darüber, daß sie weniger Hilfe erfährt als erwünscht usw. Die Gedanken der Mutter können als innerer Monolog aufgeschrieben werden.

Max Bolliger: Oma lebt (S. 12)

Durch die Erhöhung der Lebenserwartung spielen ältere Menschen in der hochindustrialisierten Gesellschaft eine immer größere Rolle. Die vielen Texte der neueren Kinder- und Jugendliteratur, in denen Omas und Opas zu den Hauptfiguren gehören, spiegeln diese Tendenz (es böte sich dazu eine Unterrichtseinheit »Alte Menschen – junge Menschen« an, mit der vorliegenden Geschichte als Auftakt). Die Geschichte von

Max Bolliger spricht vom eigenen Leben, das auch alten Menschen zustehen soll: Die Oma in dieser Geschichte hat ihren Mann verlassen und lebt mit einem Freund zusammen. Traditionellen Erwartungsnormen widerspricht das Geschehen, wie Bolliger am Verhalten der Eltern zeigt. Der Verlauf der Geschichte führt zu einer vorurteilsfreien Sicht hin. Sie zeigt, daß auch alte Menschen ihr Recht auf eine eigene Lebensgestaltung haben. Zum Einstieg in die Beschäftigung mit dem Text kann der erste Absatz vorgelesen werden und als Anstoß für die Schüler dienen, von ihrer eigenen Oma zu sprechen. Man kann, in Anlehnung an die Geschichte, auch die ersten vier Sätze an die Tafel schreiben, mit dem Hinweis, daß eine Geschichte so beginne. Der folgende Absatz (»Diese Sätze standen an der Wandtafel. Es kamen immer mehr dazu. Die Kinder ereiferten sich.«) wird vorgelesen.

Für ein Unterrichtsgespräch ist die Stelle im Text interessant, wo Katrin über die Anwesenheit des Freundes von Oma irritiert ist (»Katrin starrte ihn an und brachte kein Wort über die Lippen. Sie war enttäuscht.«, S. 15 Mitte). Warum reagiert sie so? Verfällt sie in die gleiche Einstellung wie ihre Eltern?

Vorschläge für Produktionsaufgaben
- Wir lesen die Geschichte bis zu der Stelle, wo Katrin sich zum ersten Mal wieder bei Oma meldet (bis zu »,Ich', sagte Katrin...«, S. 13), und schreiben die Geschichte weiter.
- Wir lesen die Geschichte bis zu der Stelle, wo Mama fragt: »Wo warst du?« (S. 16), und schreiben selbst einen Schluß der Geschichte.
- Wir überlegen uns ein Gespräch, das Katrin mit ihren Eltern über Oma führen könnte (vgl. »,Ja, wir müssen miteinander reden', hörte Katrin Mama sagen« am Schluß der Geschichte), und spielen es.

Gina Ruck-Pauquèt: Um fünf an der Brücke (S. 17)

Die Geschichte handelt vom Beginn einer ersten erotisch geprägten Freundschaft. Gehemmt, halb widerstrebend geht Peter zu seinem Rendezvous. Die ganze Unbeholfenheit gegenüber dem anderen Geschlecht, die Heranwachsende am Anfang des Pubertätsalters erfahren, kommt zum Ausdruck. Im alltäglichen Umgang unter Gleichaltrigen wird solche Unsicherheit oft durch flapsige Sprüche überdeckt. Der literarische Text kann helfen, die eher verdeckten Gefühle ins Bewußtsein zu heben, und den Heranwachsenden das Gefühl vermitteln, daß sie mit ihren altersspezifischen Problemen nicht alleine sind. Im Unterricht wird man eine Besprechung des Textes entsprechend behutsam angehen müssen, damit die Schüler nicht abblocken oder zu albern anfangen. Sorgfalt in der Herangehensweise ist auch deshalb nötig, weil der Text in starker

Innenperspektive und mit zum Teil nur angedeuteter Handlung geschrieben ist. Die Gestaltungsweise tendiert zur erlebten Rede, zur Wiedergabe der Gedanken und Empfindungen der Hauptfigur. Man vergleiche dazu zum Beispiel die Satzfolge: »Er schaute einem Hund zu, der ein Loch in die Wiese buddelte. Das war verboten. Sie hatten auch mal ein Loch gebuddelt.« Der Satz »Das war verboten« ist nicht als Aussage des Erzählers aufzufassen, sondern gibt einen Gedanken wieder, der Peter in diesem Augenblick durch den Kopf geht. Mit dieser Tendenz zur erlebten Rede hängen die vielen Rückblenden (wie zum Beispiel an dieser Stelle) zusammen. Auch sie können das Verständnis erschweren. Der Andeutungscharakter macht den Text aber andererseits für eine Behandlung im Unterricht besonders interessant.

Ausgangspunkt für das mündliche Gespräch können die Stellen sein, an denen etwas nur andeutungsweise angesprochen ist, zum Beispiel:
- Warum kommt es Peter plötzlich albern vor, daß er seine Schuhe geputzt hat (S. 17, 2. Abs.)?
- Was mag es mit dem »Beschwörungsstein« auf sich haben? Er steht für die Welt der Kindheit (vgl. »kindischer Kram«, S. 17, 5. Abs.). Bevor Peter zur Brücke kommt, wirft er ihn weg (Mitte des Textes), am Schluß sucht er ihn vergeblich. Der Beschwörungsstein verdeutlicht, daß es um eine Initiationsgeschichte geht, um den Übergang von der Kindheit zum Jugendalter (dieser Übergang ist vor allem gekennzeichnet durch die Abwendung von Johannes, dem Freund, und der Hinwendung zu Gitte, einem Mädchen).
- Gibt es eine Antwort auf die Frage von Peter »Warum mir lauter Zeug einfällt, das vorbei ist« (S. 19 oben)? Auch das Nachdenken über diese Frage lenkt den Blick auf die Übergangssituation von einer Entwicklungsstufe zur anderen. Im gleichen Absatz ist davon die Rede, daß Peter den Stein wegwirft!

Vorschläge für Produktionsaufgaben

- Die Geschichte wird bis zur Stelle »,Gehn wir zum Ufer runter?' ,Ja', sagte er.« (S.19) gelesen. Wir überlegen uns, wie die Geschichte weitergehen könnte.
- Wir stellen uns vor, Peter treffe auf dem Rückweg Johannes. Was für ein Gespräch könnte sich zwischen den beiden ergeben? (Aufschreiben eines Dialogs, evtl. Spiel)
- Wir stellen uns vor, Peter liege abends im Bett und denke über den vergangenen Tag nach (Aufschreiben seiner Gedanken in Ich-Form). Oder wir entwerfen einen Tagebucheintrag, den Peter an diesem Abend schreiben könnte.
- Wir stellen uns vor, wie Gitte abends im Bett liegt und über das Treffen nachdenkt (Aufschreiben der Gedanken in Ich-Form).

- Wir denken uns die Vorgeschichte aus: Wie war das, als sich Gitte mit Peter verabredete?
- Wir schreiben Peters frühere Erlebnisse als kleine Geschichten auf:
  - das Vergraben des »Schriftstückes« unter dem Jasminstrauch,
  - die Geschichte vom »Beschwörungsstein«,
  - die Geschichte von Flock, dem Hund.
- Wir denken uns aus, wie das nächste Treffen zwischen Gitte und Peter abläuft.

Gudrun Pausewang: Zwei Nächte und ein Tag (S. 21)

Der letzte Text der Gruppe »Freund sein — Feind sein« führt in die Vergangenheit, in die Schlußphase des Zweiten Weltkriegs. Er zeigt eine Freundschaft zwischen Kindern in äußerster Bedrohung und Verlassenheit. Die Einbettung in die Rahmengeschichte, in der eine Verbundenheit zwischen Mutter und Tochter gezeigt wird, und die bei aller Intensität zurückhaltende Erzählweise der Autorin mildern den belastenden Charakter der Geschichte etwas.

Beim Lesen des Textes kann man an der Stelle, wo die Rahmengeschichte aufhört und die Binnengeschichte anfängt, einhalten und mit der Klasse überlegen, wie es wohl möglich ist, daß ein Mädchen, mit dem die Mutter nur zwei Nächte und einen Tag zusammengewesen ist, zu ihrer Freundin hat werden können.

Vorschläge für Produktionsaufgaben
- Wir lesen die Geschichte bis zu der Stelle, wo das fremde Mädchen nach der Verschüttung sagt: »Wir müssen warten« (S. 25 oben), und schreiben selbst eine Fortsetzung (was tun die Mädchen in der Wartezeit? Wie verläuft die Rettungsaktion?).
- Wir erzählen die Geschichte aus der Perspektive des Mädchens mit den Zöpfen (in Ich-Form).
- Wir erzählen, wie das Mädchen mit den Zöpfen seine Mutter wiederfindet (die Geschichte von Gudrun Pauswang macht dazu keine Aussage; in der Mitte des Textes steht, daß die Mutter wegen einer Entbindung in einem Krankenhaus zurückgeblieben ist).

Textgruppe »Wünsche«

Die folgenden Texte handeln von Wünschen, von phantastischen, aber auch von erfüllbaren. Das Wünschen gehört zum Lebendigsein, es läßt uns nicht stumpf werden im Trott des Alltags. Das sollen die Geschichten spüren lassen — aber sie zeigen auch, daß es nicht immer leicht ist, die Wunschwelt mit der Wirklichkeit in Einklang zu bringen.

Ingeborg Kanstein: Willis Luftschloß (S. 28)

Der einfache Text eignet sich vor allem als Anstoß für eigene Phantasien. Ein Gespräch über Wunschvorstellungen, die man sich selber bildet, kann den Produktionsaufgaben vorangehen oder auf sie folgen.

Vorschläge für Produktionsaufgaben
- Wir lassen Willi noch etwas weiterphantasieren, indem wir annehmen, er sei noch nicht eingeschlafen (vgl. Schluß des Textes). Wir beginnen mit dem Satz: »Und wenn man mit dem Ball den Bauch trifft, dann...«
- Wir erzählen, wie wir Willis Luftschloß besuchen und was wir dabei alles erleben.
- Wir beschreiben »unser Luftschloß«, wie wir es uns wünschen.
- Wir denken uns Erfindungen aus, die Willi in seinem Erfinderzimmer entwickeln könnte (mit genauer Beschreibung, wie sie funktionieren).
- Wir malen Willis oder unser eigenes Luftschloß (ohne Mauern, so daß man hineinsehen kann).
- Im Text erträumt sich Willi die »Antimeckermaschine« und die »Negerkußwurfmaschine«. Wir denken uns weitere Maschinen aus, die im Luftschloß stehen könnten. Wir malen solche Maschinen oder basteln ein Modell von ihnen.

Franz Hohler: Tschipo (S. 30)

Der Text ist dem Anfang von Hohlers gleichnamigem Kinderroman entnommen. Das Phantastische ist hier, im Gegensatz zu den vorigen Texten, nicht mehr als Wunschwelt ausgewiesen, vielmehr bricht es auf irritierende Weise in die reale Welt ein. Obwohl die Eltern im Text erschrecken, handelt es sich um eine übermütig lustige Geschichte.

Vorschläge für Produktionsaufgaben
- Wir lesen den Text bis zu »Sie sollten es gleich merken, was ein Spunz ist. In der nächsten nämlich...« (S. 33 oben, also ohne die Szene mit der Überschwemmung) und schreiben selber eine Fortsetzung.
- Wir lesen die Geschichte ganz und denken uns eine Fortsetzung aus.

- Wir stellen uns vor, Tschipo schlafe in der Schule während des Unterrichts ein. Was er da wohl träumt und was dann geschieht?

Susanne Kilian: Aber manchmal... (S. 34)

Im Text von Susanne Kilian werden Wünsche und reale Erfahrungen einander gegenübergestellt. Schon der Modusgebrauch macht den Unterschied zwischen den beiden Welten deutlich (eine Gelegenheit, Form und Funktion des Konjunktivs II zu besprechen). Im Gespräch können die Schüler darüber berichten, ob sie auch manchmal solche Wunschvorstellungen haben.

Vorschläge für Produktionsaufgaben
- Wir lesen die drei ersten Abschnitte (bis »...und starrt die Zimmerdecke an«, S. 35) und schreiben weiter, beginnend mit »Aber manchmal, manchmal starrt Gisela die Zimmerdecke an und denkt sich: ...«.
- Wir schreiben die »Aber manchmal, manchmal«-Texte weiter; sie enden bei Susanne Kilian jeweils mit drei Punkten.
- Wir machen ein Schreibspiel. Jeder schreibt eine Alltagssituation im Stil der indikativischen Abschnitte von Susanne Kilians Text. Dann gibt er das Blatt weiter, der nächste fährt fort mit »Aber manchmal, manchmal...«. (Das Spiel setzt voraus, daß der Aufbau des Kilian-Textes vorher erarbeitet worden ist.)
- Wir schreiben eigene Erfahrungen im Stil des Kilian-Textes auf (zwei Spalten, dieses Mal vom gleichen Schreiber verfaßt).

Irmela Brender: Ich wollt', ich wäre du (S. 36)

Der Text von Irmela Brender setzt Wünsche verschiedener Personen miteinander in Beziehung. Das erfordert vom Leser, sich in unterschiedliche Perspektiven hineinzuversetzen. Indem dies in klar abgegrenzten Schritten erfolgt, können auch Kinder, denen aufgrund der kognitiven Entwicklung die wechselseitige Perspektivenübernahme z.T. noch etwas schwerfällt, Zugang zum Text finden. Wenn sie selber den Text fortschreiben, führt das zu einem besonders intensiven Nachvollzug fremder Perspektiven.

Vorschläge für Produktionsaufgaben
- Wir lesen den Text bis zum Beginn des dritten Absatzes (»Ich wollt', ich wäre du, Autofahrer an der Ampel«, S. 36) und schreiben weiter — entweder nur diesen Abschnitt zu Ende oder auch noch einen oder zwei Abschnitte dazu.
- Das Weiterschreiben läßt sich auch als Schreibspiel arrangieren: Jeder

schreibt einen Absatz und gibt dann das Blatt weiter. Der Folgende schreibt seinerseits einen Absatz und gibt das Blatt wiederum weiter usf. Es dürfen auch Tiere, Pflanzen und Gegenstände für die Wunschprojektion gewählt werden.
- Wir gehen durch die Straßen des Dorfes oder der Stadt, in dem bzw. in der wir wohnen, und wählen zwei Personen, über die wir einen Text in der Form der Vorlage schreiben. Die literarische Phantasie wird so mit der Wahrnehmung in der realen Umwelt verbunden.
- Wir suchen zwei oder drei Fotos von Menschen (z.B. aus Illustrierten) und verfassen dazu einen Text im Stil der Vorlage. Es kann sogar die ganze Klasse einen gemeinsamen, bebilderten Kettentext erstellen, indem jeder ein Bild und einen Textteil beisteuert. Das Ergebnis kann als Leporello oder als Wandfries gestaltet werden.
- Die geschriebenen Texte können auch szenisch vorgetragen werden, mit andeutender Verkleidung: Eine Figur tritt auf und mimt die für sie typische Tätigkeit. Dann tritt eine zweite Figur auf und spricht mit Blick auf die erste improvisierend einen Text: »Ich wollt', ich wäre du...«. Dann tritt die erste Figur ab, eine dritte erscheint und spricht ihrerseits einen Text mit Blick auf die zweite.

Peter Härtling: Der Ausreißer (S. 37)

Der Ausreißer in Peter Härtlings Text gibt, zum Ärger seiner Eltern, immer wieder seinem Wunsch nach einem anderen Leben nach, bis er endlich die Kunst entdeckt, die es erlaubt, dem Wunsch nach einem anderen Sein nachzugeben und doch den Anforderungen der realen Lebenssituation zu genügen.

Als abstrakte Einsicht mag diese Botschaft der Geschichte den Verständnishorizont von 10- bis 12jährigen übersteigen; das erzählte Geschehen aber können sie nachvollziehen. Die Reise in die Welt der Bilder kann durch Produktionsaufgaben nachgespielt und der Sinn der Geschichte so im tätigen Spiel erfahren werden.

Vorschläge für Produktionsaufgaben
- Wir lesen die Geschichte ohne den Schlußteil mit dem Besuch beim Maler, also bis zum Beginn des 6. Absatzes (»Wenn nicht Krieg wäre, sagte seine Mutter, müßtest du jetzt ins Heim. Ich reiß nicht mehr aus, sagte Erwin. Aber er tat's wieder.«, S. 40). Wir denken uns die hier angekündigte Ausreißergeschichte selber aus.
- Wir träumen uns, wie Erwin beim Maler, in Bilder hinein. Dazu wählt jeder ein Bild aus (das er entweder zu Hause sucht oder einer Auswahl von Reproduktionen, die der Lehrer auslegt, entnimmt). Es geht nun darum, sich vorzustellen, man stehe an einem bestimmten Punkt im

Bild. Nun erzählen wir, was wir sehen und was wir tun. Dabei können wir im Bild herumspazieren, tiefer in es hineingehen, auch in Bereiche, die nicht abgebildet sind. Der Phantasie sollen keine Grenzen gesetzt sein. Auch weitere Figuren dürfen auftauchen – wer weiß, was sich da noch für Abenteuer ergeben können!
- Wir malen selbst ein Bild, in das wir gerne hineinspazieren möchten. Die Bilder werden dann in der Klasse vorgestellt; jeder sagt zu seinem Bild, was für ihn das Verlockende am Dargestellten ist.

Gudrun Mebs: Ostervater   (S. 42)

Der Text ist stilistisch, wie das in der neuesten Kinderliteratur oft der Fall ist, der mündlichen Ausdrucksweise von Heranwachsenden angenähert. Kurze Sätze, zum Teil sogar ohne Prädikat, Nebensätze durch Punkt abgetrennt, Hauptsätze mit »und« beginnend, Wortwiederholungen sind Merkmale, die den Stil kennzeichnen. Inhaltlich greift der Text die heute immer häufigere Situation von Kindern getrennt lebender oder geschiedener Eltern auf. Er tut dies in einer muntere Weise, ohne Dramatisierung der Problematik.

Vorschläge für Produktionsaufgaben
- Wir lesen die erste Hälfte des Textes (bis »... das nicht gekommene Paket«, S. 43 unten) und schreiben, wie die Geschichte weitergehen könnte.
- Wir lesen den Text bis zur Entdeckung des großen Ostereis (»Ein riesengroßes Osterei in Rosa!«, S. 44) und schreiben die Geschichte weiter.
- Wir denken uns aus, wie das Weihnachtsfest ablaufen könnte (ob der Vater da als Weihnachtskugel kommt?).
- Wir schreiben den Text (oder zumindest dessen Anfang) in Er-Form mit Präteritum um, beginnend mit dem Satz: »Ostern mochte Peter besonders gern, ...«. Nach dem Schreiben stellen wir Beobachtungen darüber an, was sich sprachlich alles geändert hat. (Es soll dabei nicht um einen verallgemeinerbaren Merkmalskatalog gehen – der wäre bei der Vielzahl möglicher Erzählweisen fragwürdig –, sondern um ein Aufmerksamwerden auf verschiedene Ausdrucksmöglichkeiten.)

Volker Erhardt: Australien ist weit   (S. 46)

Den Abschluß der Textgruppe bildet eine Geschichte, die von einem enttäuschten Wunsch handelt. Inhaltlich wichtig im Text ist das Thema der Erpreßbarkeit desjenigen, der von jemand anderem unbedingt ein bestimmtes Geschenk haben möchte.

Vorschläge für Produktionsaufgaben
- Wir lesen den Text bis zur Mitte, und zwar bis zum Satz »Aber es wuchs auch die Angst, daß vielleicht doch nichts daraus würde« (S. 47 unten) und schreiben die Geschichte zu Ende.
- Wir spielen aus dem Stegreif einzelne Szenen, bei denen Klaus den Wunsch des Ich-Erzählers nach der Eisenbahn verstärkt und diesen ausnützt. Wir denken uns auch noch weitere entsprechende Situationen aus.
- Wir bearbeiten die ganze Geschichte so, daß wir sie aufführen können.
- Wir überlegen, ob sich der Ich-Erzähler anders hätte verhalten können oder sollen (man wird darauf kaum eine eindeutige Antwort finden können).

Textgruppe »Leute«

Die Textgruppe »Leute« regt zur Auseinandersetzung mit erwachsenen Menschen und ihren Schicksalen an.

Gina Ruck-Pauquèt: Leute (S. 50)

In G. Ruck-Pauquèts Text werden fünf Menschen in einer Art Kurzbiographie vorgestellt. Die Lebensgeschichten sind dadurch miteinander verkettet, daß jeweils zwei Figuren einander in ihrem Leben begegnet sind. Die Biographien machen den Leser nachdenklich; einige der Figuren sind in ihrer Art seltsam (vor allem Kaline, Fritz und Anatol), bei anderen ist die Normalität des Lebens in bewußtem Kontrast zum Außergewöhnlichen der anderen Lebensläufe gestaltet. So erhellen sich die einzelnen Geschichten gegenseitig, allerdings in einer verhaltenen Art, die Kindern nicht ohne weiteres zugänglich sein wird. Der letzte Satz der Geschichten charakterisiert jeweils, leicht verschlüsselt, den betreffenden Lebenslauf: Kaline verliert ihr Lachen, Fritz hat ein schlechtes Gewissen, Dorothea wird wieder etwas anderes finden, Anatol wird taub, Bruno blickt ganz selten mal mitten in einer Konferenz fragend in die Höhe. Im Unterricht mit Fünft-/Sechskläßlern wird man weniger die zeichenhafte Bedeutung dieser Charakteristika herausarbeiten als eine intensive Vorstellung von den Figuren anregen. Ein Interpretationsgespräch kann von den genannten Stellen ausgehen, die Schüler können z.B. überlegen, warum Kaline immer mehr das Lachen verloren hat oder warum Bruno manchmal in die Luft schaut. Auch andere Stellen eignen sich für die Deutung, z.B.: Warum wohl hat Bruno eine rätselhafte Zuneigung zu Anatol gefaßt?

Vorschläge für Produktionsaufgaben
- Wir stellen uns die Personen in bestimmten Situationen vor und überlegen uns, wie sie sich da verhalten würden, z.B. Kaline, Fritz, Dorothea, Anatol und Bruno als Schüler, etwa als Mitschüler in unserer Klasse. Bei einer solchen Vorstellung wird man auch daran denken müssen, daß die Personen als Kinder vielleicht noch etwas anders als im Erwachsenenalter waren.
- Wir denken uns aus, wie sich weitere Treffen von Personen der Geschichte ergeben könnten, z.B. Kaline und Bruno oder Fritz und Anatol.
- Wir verfassen selber eine Kettengeschichte in der Art des Textes von Gina Ruck-Pauquèt. Dazu kann man direkt ans letzte Kapitel anknüpfen und eine Geschichte über eine Person, die in Brunos Leben eine Rolle gespielt hat, schreiben, am besten über seine Frau (im Gegensatz zum Text von Gina Ruck-Pauquèt nimmt man dabei allerdings eine Person, die nicht nur kurz mit der anderen in Verbindung gewesen ist). Die geschriebenen Texte können nun weitergegeben werden, der nächste Schreiber überlegt sich nun die Geschichte einer Person, die im Leben von Brunos Frau eine Rolle gespielt hat. (Das Verfahren ähnelt dem Vorgehen, das beim Text »Ich wollt', ich wäre du« von Irmela Brender vorgeschlagen wurde.) Wenn man will, kann man am Schluß den Kreis schließen, indem über Kalines Mann geschrieben wird.

Susanne Kilian: Marion guckt aus dem Fenster (S. 55)

Das Gewohnte, alltäglich Wiederholte wird uns oft erst dann bewußt, wenn es anders abläuft oder nicht mehr vorhanden ist. Der Text von Susanne Kilian zeigt, wie man über einen Menschen, den man jeden Tag sieht, manchmal erst dann gründlicher nachzudenken beginnt, wenn er nicht mehr da ist. Damit hält der Text zu einer bewußteren Wahrnehmung der mitmenschlichen Umwelt an.

Vorschläge für Produktionsaufgaben
- Wir lesen die Geschichte bis zu der Stelle, wo die alte Frau nicht mehr da ist (bis »Und heute ist sie nicht da!«, S. 56, 2. Abs.), und überlegen uns, was geschehen sein könnte.
- Wir denken uns aus, was für ein Leben die alte Frau geführt haben könnte. Wir schreiben eine Lebensbeschreibung (dazu müssen wir der Frau einen Namen geben). Man könnte so beginnen: »Am 7. Februar 1915 wurde Martha S. in ... geboren ...«

- Wir beschreiben alte Menschen aus unserer eigenen Umgebung. Wir können auch versuchen, sie zu malen (in einer für sie typischen Situation).

Gudrun Pausewang: Aber er singt wieder   (S. 57)

Der Text von Gudrun Pausewang greift unser Verhältnis zu Behinderten auf. Herr Müller wird zum Sprachrohr unserer Abwehr gegenüber körperlicher Behinderung; durch Herrn Heberlein wird – ohne moralische Verurteilung der Aussagen Herrn Müllers – eine andere Einstellung dem Leser nahegebracht. Der Text kann damit dazu beitragen, Vorbehalte gegenüber Behinderten etwas abzubauen.

Vorschläge für Produktionsaufgaben
- Wir versuchen uns vorzustellen, was Herr Clemens gedacht haben mag, als er im Krankenhaus lag und beim Besuch von Herrn Heberlein den Kopf zur Wand drehte.
- Wir entwerfen den Dialog, der sich zwischen Herrn Heberlein und Herrn Grohnde abgespielt haben könnte (vgl. im Text »Ich gehe jetzt gleich mal rüber und spreche mit Herrn Grohnde, der den Kirchenchor leitet.«, S. 60, 4. Abs.).
- Wir stellen uns vor, was Herr Clemens sonst noch alles beobachtet (vgl. »,Unsereiner', sagt Herr Heberlein, ,hat zum Beispiel nie Zeit, einer Schnecke zuzuschauen, wie sie den Gartenweg überquert. Mein Nachbar hat die Zeit dazu. Das genießt er.'«, S. 59 unten).
- Wir setzen die Geschichte fort und erzählen, wie Herr Müller und Herr Clemens Freunde werden.

Textgruppe
»Geschichten zum Rätseln und Schmunzeln«

Die letzte Textgruppe umfaßt unterhaltende, lustige, spielerische Texte, die zugleich aber auch zum Nachdenken anregen. Die Textgruppe beginnt mit Geschichten, die die alltägliche Erfahrungswelt von Kindern widerspiegeln, und führt dann über Texte, bei denen Erwachsene die Protagonisten sind, zum Spiel mit Sprache.

Christine Nöstlinger: Die Geschichte vom schwarzen Mann und vom großen Hund (S. 61)

Wie viele Texte von Christine Nöstlinger wendet sich »Die Geschichte vom schwarzen Mann und vom großen Hund« mit phantastisch-grotesken Gestaltungsmitteln gegen das einschüchternde Erziehungsverhalten Erwachsener und nimmt in emanzipatorischer Absicht für die Schwachen – hier die Kinder – Partei. Fünft-/Sechstkläßler dürften kaum mehr durch die Drohung mit dem schwarzen Mann und dem großen Hund einzuschüchtern sein, so daß bei der Textbehandlung in dieser Altersstufe die angesprochene Drohung eine eher zeichenhafte Bedeutung für Einschüchterungsstrategien Erwachsener gewinnt. Der spielerische Umgang mit dem Text kann in einer unverkrampften Art den Prozeß des Selbständigwerdens der Kinder unterstützen.

Vorschläge für Produktionsaufgaben

- Wir lesen die Geschichte bis zur Stelle, bei der die Mutter den Hund unter der Bettdecke verschwinden sieht, und denken uns eine Fortsetzung aus.
- Wir überlegen uns, wie der schwarze Mann und der große Hund sonst noch dem Jungen geholfen haben könnten, und schreiben dies als kleine Geschichte auf.
- Wir malen den schwarzen Mann und den großen Hund, und zwar sowohl so, wie sie dem Kind, als auch, wie sie der Mutter erscheinen (vgl. S. 61 unten: »Die beiden sahen ganz anders aus, als der Willi gedacht hatte. Sie waren uralt und ziemlich schäbig ...«; S. 63 unten: »Der schwarze Mann war aber nicht mehr einen halben Meter groß, sondern zwei Meter und ziemlich breit, und seine Augen funkelten grün, ...«).
- Wir stellen zusammen, womit Kindern sonst noch gedroht wird, und denken uns zu einzelnen Beispielen eine Geschichte aus.

Diether Pflanz: Sie spielen Gericht (S. 65)

Die Geschichte von Diether Pflanz erzählt von einem Spiel auf mehreren Ebenen: Der Vater von Thomas und Petra pflegt bei Streitigkeiten unter den Kindern eine Gerichtsverhandlung zu inszenieren – eine spielerische, aber zugleich ernstgemeinte Erziehungsmaßnahme; die Geschichte erzählt nun davon, wie die Kinder eines Tages einen Streit vortäuschen, um das Schauspiel der Gerichtsverhandlung geboten zu bekommen; der Vater tut so, als merke er die Täuschung nicht, und spielt die Verhandlung, um dann allerdings in der Urteilsverkündung zu zeigen, daß er den Schein durchschaut hat. Der spielerische Text eignet sich vor allem für die szenische Umsetzung. Das Spielen der Gerichtsverhandlung hält zum genauen Zuhören und zur wirkungsvollen Argumentation an. Es kann als eine Vorübung zur Diskussionsschulung verstanden werden.

Vorschläge für Produktionsaufgaben
- Wir lesen bis zum Beginn der Gerichtsverhandlung (»Angeklagter, stehen Sie auf!«, S. 66 unten) und spielen die Fortsetzung nach eigenen Einfällen.
- Wir spielen die ganze Geschichte entsprechend der Vorlage.
- Wir inszenieren eine Gerichtsverhandlung zu einem Konflikt, den die Schüler im Elternhaus, im Freundeskreis oder in der Schule erfahren haben (zuerst Klärung der Sachlage im Gespräch, dann Festlegung der Rollen und Spiel aus dem Stegreif).
- »Reporter« können zu den gespielten Gerichtsszenen einen Zeitungsbericht verfassen.

Paul Maar: Der Mann, der nie zu spät kam (S. 70)

Pünktlich sein zu müssen ist für jedes Kind eine Anforderung, der zu genügen nicht immer einfach ist. Der Text von Paul Maar ironisiert übertriebene Pünktlichkeit und entlastet so vom Problemdruck.

Vorschläge für Produktionsaufgaben
- Wir lesen die Geschichte ohne den Schluß, und zwar bis zur Stelle »Er wartete eine Weile, aber nichts geschah« (S. 71 unten) und schreiben selbst einen Schluß.
- Wir denken uns weitere Situationen aus, bei denen Wilfried Vorteile des Zuspätkommens erlebt.
- Wir stellen den pünktlichen Wilfried einer völlig unpünktlichen Freundin an die Seite. Was erleben die beiden?
- Wir erfinden eine Geschichte zum Titel »Der Mann, der nie schimpfte« oder »Die Frau, die nie etwas vergaß« (mit einer Handlungsstruktur analog zur Vorlage: Einmal schimpft der Mann doch bzw. vergißt die Frau etwas, sie vermeiden damit ungewollt ein Unglück und ändern daraufhin ihr Verhalten).

Christine Brückner: Herr Wolke lächelt (S. 72)

Die kleine surreale Geschichte vom Lächeln, das von Gesicht zu Gesicht weitergegeben wird, eignet sich durch die Reihung zum Schreiben eigener Fortsetzungen; man kann die Geschichte aber auch als Gelegenheit nehmen, in einem Gespräch über das Lächeln nachzudenken: Wann lächelt man? Warum lächelt man? Was bewirkt es bei anderen (je nach

Situation)? Was unterscheidet es vom Lachen, Grinsen usw.? Die Schüler können dazu Fotografien und Bildreproduktionen von lächelnden Menschen sammeln (z.B. aus Illustrierten, Reklamesendungen, Kunstkalendern) und in der Klasse aufhängen.

Vorschläge für Produktionsaufgaben
- Wir lesen die Geschichte bis »... ging mit seinem schneeweißen Gipsarm vorsichtig bis zur nächsten Omnibushaltestelle« (S. 73) und schreiben die Geschichte selber weiter; wenn das Lächeln auf eine neue Figur übergeht, geben wir das Blatt weiter. Man kann diese Schreibaufgabe kombinieren mit anderen Texten, bei denen auch mehrere Schreiber weiterschreiben (vgl. die entsprechende Aufgabe zu Gina Ruck-Pauquèts »Leute«). Es ist auch möglich, die Schreibaufgabe auf die gesammelten Bilder zu beziehen. Wir würden also im Text erzählen, wie das Lächeln von einer abgebildeten Person zur anderen geht.
- Wir schreiben in der gleichen Weise eine Fortsetzungsgeschichte, bei der ein Weinen oder ein Schimpfen vom einen zum anderen geht.

Rolf Haufs: Der autoverrückte Vater (S. 75)

»Der autoverrückte Vater« ist eine Satire auf unsere autohörige Zivilisation, gestaltet vor allem mit den Mitteln der surrealen Verfremdung und des Sprachspiels (vgl. z.B. die Eigennamen).

Vorschläge für Produktionsaufgaben
- Wir lesen die Geschichte bis zum Beginn der Verwandlung von Herrn Silberpfeil (bis »Silberpfeils Augen wurden immer größer«, S. 78 unten) und schreiben selbst die Geschichte weiter.
- Wir zeichnen, wie Herr Silberpfeil allmählich ein Auto wird (eine Reihe von sechs bis acht Zeichnungen vom Menschen bis zum Auto).
- Wir spielen einzelne Szenen der Geschichte (unter Umständen mit angedeuteter, sich verändernder Verkleidung oder Maske, die anzeigen, daß Herr Silberpfeil allmählich zum Auto wird).
- Wir verfassen Briefe, die Frau Silberpfeil an ihre Freundin Sabine Stockelschüh in Bielefeld schreibt.
- Wir erzählen, wie Frau Silberpfeil allmählich zu einem Fernseher wird (als Fortsetzung der Geschichte, vgl. den Schluß des Textes).
- Wir denken uns aus, wonach sonst Menschen noch verrückt sein könnten (z.B. Computer), und schreiben eine entsprechende Verwandlungsgeschichte.

Janosch: Das Geheimnis des Herrn Schmitt (S. 80)

Auch diese Geschichte erzählt von einer Verwandlung; im Gegensatz zum »Autoverrückten Vater« steht aber weniger eine satirische Intention als die Irritation im Vordergrund, gestaltet nach dem Grundmuster der phantastischen Literatur, in der etwas, was unserem Realitätsverständnis widerspricht, in die alltägliche Welt einbricht.

Vorschläge für Produktionsaufgaben
- Wir lesen bis kurz vor der Mitte des Textes (bis »Aber was geschah?«, S. 82 unten) und erzählen die Geschichte selber weiter.
- Wir erzählen aus der Sicht von Herrn Schmitt (in Ich-Form), was er tut und was er dabei denkt. Dabei kann z.B. wichtig sein, daß Herr Schmitt nicht sprechen kann und seine Identität verbergen will.
- Wir erfinden eine Geschichte von einem Nachbarn, der ein Tier ist (z.B. von dem im Text erwähnten Mann, der wie eine Bulldogge aussieht).

Franz Hohler: Die runde Insel (S. 86)

Die Geschichte von Franz Hohler ist ein Spiel mit einer absurden Vorstellung. Mehr will sie nicht sein – man könnte sie mit den Worten des Textes als »nicht gerade zuverlässige« Geschichte bezeichnen. Was soll man zur Rechtfertigung solchen Unsinns anbringen? Wenn wir auf die Zuverlässigkeit unseres Denkens auch mal verzichten können, uns dem Experimentieren mit Phantasien hingeben, dann erstarren wir nicht in der Routine.

Vorschläge für Produktionsaufgaben
- Der »Bekannte« hat, so nehmen wir an, noch andere Inseln besucht, z.B. die viereckige Insel, die Glasinsel, die schwarze Insel, die Gummiinsel. Wir erzählen, was er davon berichtet. Die Ideen, um was für Inseln es sich handeln könnte, können auch von den Schülern auf Blätter geschrieben werden, die dann ausgetauscht werden. Jeder schreibt dann einen entsprechenden Text.
- Da der Ausgangstext in indirekter Rede geschrieben ist, läßt sich auch gezielt eine Übung in dieser Redeweise durchführen – z.B. durch Umformung von Texten, die die Schüler zunächst in Ich-Form geschrieben haben.
- Wir setzen Hohlers Geschichte von der indirekten Rede in einen Erlebnisbericht um. Dabei soll nicht nur die Ich-Form gewählt, sondern auch anschaulich und spannend erzählt werden, was der Protagonist erlebt hat. Dabei kann man auch über die erzählerischen Mittel sprechen, die man für eine solche Erzählweise verwendet.

Johannes Merkel: Herr Meier spart   (S. 87)

Die Geschichte vom Wörter sparenden Herrn Meier legt ein Nachdenken über die Möglichkeiten verbaler und nonverbaler Ausdrucksweise nahe: Was kann man wie mit Gesten einem anderen verständlich machen?

Vorschläge für Produktionsaufgaben
- Wir spielen die Geschichte von Herrn Meier, evtl. ohne den Schluß, wenn die Dachszene für eine anschauliche Darstellung zu schwierig erscheint. Wenn man will, kann man sich ja auch einen anderen Schluß ausdenken.
- Wir spielen einzelne Szenen ausgehend von den Fragen im Text: »Was machte er zum Beispiel, wenn er sich ein Bett kaufen wollte? Und wenn er noch eine Bettdecke dazu brauchte? Und ein Leinentuch und ein Kopfkissen? Oder was machte er beim Einkauf einer Hose? Und erst einer Unterhose? Oder im Sommer, wenn er eine Badehose haben wollte?« Man kann sich auch noch weitere entsprechende Situationen ausdenken.
- Es läßt sich auch ein Ratespiel mit pantomimischer Darstellung arrangieren. Einzelne Schüler oder Schülergruppen überlegen sich bestimmte Informationen und versuchen diese ohne Worte zu vermitteln; die übrigen müssen die gemeinte Aussage erraten. Das Spiel erhält Wettbewerbscharakter, wenn derjenige, der die Information errät, die nächste pantomimische Darstellung vorführen darf.

Franz Fühmann: Die Geschichte vom kleinen *und*   (S. 90)

Die Geschichte vom kleinen *und* ist ein Spiel mit der Sprache, mit Lauten und Buchstaben. Beim Lesen muß man mitdenken und die *und*-Wörter bzw. -Fügungen erraten, damit man die Geschichte ganz versteht. Das macht ein sorgfältiges Erlesen nötig. Wenn die Kinder Spaß an der Geschichte haben, kann man sie auf das Buch von Fühmann, dem der Text entnommen ist, hinweisen. Es steckt voll amüsanter, in eine Rahmengeschichte und Binnengeschichte eingebauter Sprachspiele, die auch zum Selber-Experimentieren anregen.

Vorschläge für Produktionsaufgaben
- Wir lesen die Geschichte nur bis zum Ende der ersten Episode mit dem Hund (bis »dann begannen wieder die Tränen zu rinnen. ‚Ich bin so schrecklich allein!' schluchzte es. Da kam ...«, S. 91 Mitte) und schreiben selbst eine Fortsetzung. Man kann vor dem Selberschreiben gemeinsam die Struktur des Textes als Spielregel erarbeiten: Das *und* trifft einen

(oder mehrere) Buchstaben, mit dem oder denen zusammen es ein Wort bilden würde. Es lehnt aber mit einer Begründung das Zusammengehen ab, der alleinverbleibende Buchstabe findet eine andere Buchstabenfolge, mit der zusammen er zu einem Wort wird. Das Weiterschreiben kann man auch so gestalten, daß mehrere aufeinanderfolgende Episoden von verschiedenen Schreibern geschrieben werden; die Blätter werden also weitergegeben, wenn man eine Episode abgeschlossen hat.
- Wir schreiben eine Geschichte mit einem anderen Wort als Hauptfigur, z.B. mit »so«.

Achim Bröger: Die Angsthasen (S. 93)

Der sprachspielerische Text von Achim Bröger hat die Form einer Parodie; er ahmt einen Lexikonartikel nach, enthält aber auch einen längeren erzählenden Teil. Man kann zum Vergleich einen richtigen Lexikonartikel (Konversationslexikon oder Tierlexikon) lesen. Brögers Spiel mit der metaphorischen Kennzeichnung »Angshase« legt auch ein Nachdenken über dieses Wort und seine Verwendung nahe: In welchen Zusammenhängen braucht man solche Bezeichnungen? Wie mag es zu dieser Wortbildung gekommen sein (warum hat man den Hasen als Bild gewählt?)?

Vorschläge für Produktionsaufgaben
- Wir schreiben weitere Artikel für »Achim Brögers merkwürdiges Wörterbuch« (dieser Titel findet sich als Titelzusatz in der Originalveröffentlichung des Textes), z.B. zu »Frechdachs«, »Schmierfink«, »Meckerziege«, »Sauhund«, also zu metaphorischen Charakterisierungen, die eine Tierbezeichnung enthalten. Die Kinder können sich dabei entsprechende Wörter selbst ausdenken. Wenn man will, kann man auch so vorgehen, daß jedes Kind sich ein Wort ausdenkt und es auf ein Blatt schreibt und die Blätter dann ausgetauscht werden. Das erhöht den Spielcharakter des Arrangements. Als weitere Variante bietet sich an, Lexikonwörter selbst zu erfinden, z.B. »Schnupfgrille« u.ä.
- Der Lehrer liest aus einem Lexikon ein Wort vor, das die Schüler nicht kennen. Sie schreiben, in der Art von Achim Bröger, auf, was sie sich darunter vorstellen.

Geschichten für das 7./8. Schuljahr

Textgruppe »Jugendzeit — schöne Zeit?«

Schülerinnen und Schüler im 7. und 8. Schuljahr haben die Kindheit hinter sich, durchleben die Umbruchphase der Pubertät. Eine oft krisenhafte Auseinandersetzung mit der eigenen Identität, Ablösung von den Autoritätspersonen und Fragen nach der eigenen Zukunftsorientierung kennzeichnen das Alter. In der Textgruppe »Jugendzeit — schöne Zeit?« wird diese Lebenssituation aufgegriffen. Die Geschichten führen in ihrer Abfolge von mehr alltäglichen Ereignissen bis zu außergewöhnlichen Lebensumständen (z.B. Kriminalität im letzten Text der Gruppe).

Simone Schneider: Luises Tagebuch oder die Geschichte vom »Ei« (S. 4)

Der erste Text, ein fiktives Tagebuch, zeigt den Übergang von der Kindheit zum Jugendalter. Der Stil ist noch von kindlicher Unbeschwertheit und Spontaneität gekennzeichnet, inhaltlich wird, sozusagen im Zeitraffer, der Übergang vom Eingebundensein in den familiären Kontext zu Absonderung und Konflikt mit der Umwelt gezeigt. Das Tagebuch, das Luise zum zwölften Geburtstag bekommt, ist das Symbol für die neue Lebensphase; auf der Suche nach der eigenen Identität dient das Tagebuch als Medium der oft geheimen Auseinandersetzung mit sich selbst. Im ersten Tagebucheintrag heißt es noch: »Eigentlich weiß ich gar nichts, was ich keinem anderen erzählen will«. Bereits in dem darauf folgenden Eintrag aber ist von einem »Gedanken« die Rede, den die Schreiberin »keinem erzählen will, auch nicht meinen Eltern«. Dieser Gedanke, nämlich der Vergleich des Ichs mit einem Ei, wird dann zum Hauptthema des Textes. Im Eidotter sieht die Schreiberin das Innerste versinnbildlicht, die Besinnung auf dieses Innerste führt im weiteren Verlauf zu den typisch pubertären Schwierigkeiten mit der Umwelt. Die Mutter erscheint als Erziehungsinstanz, die das Innerste der Tochter nicht akzeptiert. Ebenso kommt es zum Konflikt mit der besten Freundin, so daß in jugendlicher Übertreibung die Schreiberin folgert: »Irgendwie versuchen alle, mich zu unterdrücken« (zweitletzter Eintrag).

Am Ende des Tagebuchs wird die Argumentation wieder etwas differenzierter, es endet mit einem offenen Schluß, dem Satz: »Es ist wohl alles recht schwierig...«.

Einstieg in die Beschäftigung mit dem Text kann ein Gespräch über das Tagebuchschreiben sein (vor oder nach der ersten Lektüre des Textes): Warum schreiben viele Menschen Tagebuch? Was kann man in ein Tagebuch schreiben? Unterscheidet sich die Sprache eines Tagebuchs von der eines Briefes, eines Aufsatzes oder der mündlichen Sprache? Mit der Frage, ob der Text die Situation einer Zwölfjährigen angemessen wiedergebe, kann man auf die inhaltliche Dimension, die Charakterisierung der Übergangszeit zwischen Kindheit und Jugend, zu sprechen kommen.

Vorschläge für Produktionsaufgaben
- Wir führen Luises Tagebuch fort, und zwar nach Lektüre des Textes bis zur Mitte, dem zweitletzten Satz der Eintragung vom 26.08.: »Ob das beim Menschen auch so ist?« (S. 6) Ebenso ist eine Fortsetzung des Tagebuchs nach der Lektüre des ganzen Textes möglich.
- Wir lesen den Text bis vor dem Bericht über die Rückkehr des Vaters (Mitte des letzten Eintrags: »Dann hat sie nur noch geheult, und ich saß dabei und wußte nicht, was ich machen sollte«, S. 7) und stellen uns vor, die Mutter habe am Abend einen Brief an den abwesenden Vater geschrieben. Jeder schreibt auf, was die Mutter geschrieben haben könnte, die Briefe werden dann ausgetauscht, und jeder schreibt einen Antwortbrief des Vaters. Mit dieser Produktionsaufgabe wird die Perspektive der Tochter, die durch das Tagebuch vermittelt ist, erweitert durch die Sichtweise der Eltern.
- Nach Lektüre des ganzen Textes nehmen wir an, die Überlegungen Luises seien nicht von »I« ausgegangen, sondern von der »Entdeckung«, daß das Wort »ich« mitten in den Wörtern »nicht« und »wichtig« steckt. Wir schreiben nun auf, was Luise dazu denkt (und vielleicht auch, was für Verhaltensweisen dieses Nachdenken zur Folge hat). Wem zu »nicht« und »wichtig« nichts einfällt, kann auch andere Wörter nehmen, in denen die Buchstabenfolge »ich« vorkommt (»Licht«, »dicht«...).

Angelika Mechtel: Aus dem Tagebuch an meine Töchter (S. 8)

Dieser Text vermittelt im Vergleich zum vorigen einen Perspektivenwechsel; die Tagebuchschreiberin ist hier eine Mutter, die über ihre heranwachsenden Töchter schreibt. Das Thema des Abschieds von der Kindheit ist auch hier, freilich etwas versteckter, angesprochen; im Vordergrund steht das Problem der schulischen Leistungsanforderungen, sie stehen im Kontrast zum Spielverhalten in der Kindheit, vgl. dazu den letzten Satz des Textes: »...damit wir Zeit haben für den Schnee, in dem ihr euch austoben sollt wie Kinder«. Der Schreibstil ist der einer Erwachsenen, was für die Schüler einige Verständnisschwierigkeiten mit sich bringen kann. So wird man wohl erklären müssen, was mit dem Satz »Du glaubst, pädagogisches Verhalten sofort zu durchschauen« gemeint ist. Etwas schwierig sind auch die Wenn-Sätze ohne Hauptsatz.

Im mündlichen Gespräch kann man die mögliche Erlebnisperspektive der Töchter rekonstruieren: Was mag die Jüngere über Schule und Lehrer denken? Warum hat die Ältere einmal davon erzählt, daß sie auf einer Insel ohne Menschen leben möchte? Ausgehend vom Satz »Ich habe an euren Betten gesessen und euch so gestreichelt, wie ich mir als Kind immer gewünscht habe, gestreichelt zu werden« kann man auch Gedanken darüber anstellen, welches Verhältnis wohl die Mutter zu ihrer Mutter früher gehabt hat. Damit kann, als Gegengewicht zum Text, ein anderes Bild einer Kind-Mutter-Beziehung gezeichnet werden. Die im Text gezeichnete Mutter dürfte vielen Schülerinnen und Schülern etwas zu verständnisvoll erscheinen.

Interessant wäre auch ein Vergleich der beiden Töchter im Hinblick auf alterstypische Unterschiede. Die Stellen im Text, die darüber Auskunft geben, können unterstrichen werden (z.B. »zu deinen Puppen, mit denen du reden kannst« bezogen auf die jüngere Tochter; »daß du kritischer bist« oder »mißtrauisch« bezogen auf die ältere; dabei muß offenbleiben, inwiefern hier auch Charakterunterschiede eine Rolle spielen).

Vorschläge für Produktionsaufgaben

- Wir schreiben Tagebucheintragungen der jüngeren oder der älteren Tochter auf. Dabei kann auf Gegebenheiten, die im Text genannt sind, Bezug genommen werden.
- Angeregt durch den Satz »Und du, meine Ältere, hast mir davon erzählt, daß du auf einer Insel ohne Menschen leben möchtest« schreiben wir einen Text mit dem Anfangssatz: »Manchmal möchte ich ganz alleine auf einer Insel leben«.
- Im Text wird eine Schlagzeile erwähnt, die von einer Vierzehnjährigen berichtet, die vom Dach eines Hochhauses hinuntergesprungen ist. Wir überlegen uns, was die Vierzehnjährige dazu veranlaßt haben könnte, und schreiben ihre Geschichte auf (das ist in verschiedenen Textformen möglich, z.B. als Brief einer Freundin an eine entferntere Bekannte oder als Tagebuch der Vierzehnjährigen oder als Kurzgeschichte oder als Zeitungsartikel). Die entstehenden Texte dürften einen Kontrapunkt zu der von gegenseitigem Verstehen geprägten Welt im Text von Angelika Mechtel bilden.

Benno Pludra: Ein Wellensittich starb (S. 10)

Auch diese Geschichte, in der ein Junge mit dem Tod seines Wellensittichs fertigwerden muß, hat mit dem Erwachsenwerden zu tun. Schuld am Tod des Vogels ist der Vater; Andy der Junge, ist damit konfrontiert, daß sein Vater nicht die vorbildliche Autorität ist. Ebenso erfährt er die Gefühllosigkeit seines älteren Bruders. Die Begegnung mit schuldhaftem Verhalten Erwachsener und dem Tod ist immer wieder ein Hauptthema der sogenannten Initiationsgeschichten, in denen das Verlassen der Kindheit als ein Prozeß des Bewußtwerdens der Schattenseiten der menschlichen Existenz geschildert wird. Benno Pludra entfaltet diese Thematik in einer sehr verhaltenen, aber durchaus intensiven Weise. Für den verhaltenen Stil der symbolischen Andeutung mag vor allem der Schluß typisch sein; da heißt es von Andy: »Wendet sich ab und wendet den Kopf: ein Specht, ganz nah, beginnt zu klopfen«. Nicht das Sichabwenden ist das letzte Wort, sondern die Hinwendung zum Specht, einem lebenden Vogel, der hier in gewisser Weise an die Stelle des toten Wellensittichs tritt. So weist die Geschichte am Schluß auf den Fortgang des Lebens hin. Man wird nicht erwarten können, daß Schüler des 7./8. Schuljahres solche Bezüge bewußt wahrnehmen. Für eine inhaltliche Auseinandersetzung bietet der Text aber interessante Ansatzpunkte. In erster Linie bietet sich an, über das Verhalten von Andy zu sprechen: Warum läuft Andy weg? Was hat er in der Nacht wohl gemacht? Warum sagt Andy auf die Frage des Vaters, wie es ihm gehe: »Gut«? Wird Andy nach dem, was geschehen ist, seinen Bruder immer noch als »größten großen Bruder« empfinden?

Vorschläge für Produktionsaufgaben
- Da der Text einige Anforderungen an das Verständnis stellt, empfiehlt sich eine sorgfältigere inhaltliche Erarbeitung. Dies kann mit einer produktiven Charakterisierung der Figuren geschehen. Jeder wählt sich eine Figur und stellt sie in Ich-Form vor; der erste Satz kann z.B. lauten: »Ich bin der Bruder von Andy...«. Als vorzustellende Figuren kommen in Frage: Andy, sein Bruder, sein Vater, die Mutter. Die Aufgabe erfordert sowohl eine genaue Textlektüre als auch die Fähigkeit, sich in die Figuren hineinzuversetzen und sich mit Hilfe der eigenen Vorstellungskraft ein Bild zu machen.
- Wir lesen die Geschichte bis zu der Stelle, wo Andy zurückkehrt, und zwar bis zum Satz »Sie atmen schwer, sie sehen komisch aus« (S. 15), und schreiben selbst eine Fortsetzung. Wir beginnen mit »Wenn ich jetzt, denkt Andy, ...«. Wir stellen dabei dar, was Andy fühlt, denkt und was er machen möchte.
- Im Text sind einige der Gedanken wiedergegeben, die dem Vater wäh-

rend der Nacht durch den Kopf gehen. Wir führen diese Gedanken weiter aus, und zwar in bezug auf das, was der Vater über Andy denken könnte. Das gleiche läßt sich in bezug auf den Bruder machen; dabei könnte unter anderem auch die Frage eine Rolle spielen, warum der Bruder die Nachricht vom Tod des Wellensittichs in der geschilderten brüskierenden Art überbracht hat.
- Wir schreiben einen Brief, den Andy einige Tage oder Wochen nach dem Geschehen geschrieben haben könnte und in dem er von dem Tod des Wellensittichs erzählt.

Willi Fährmann: Tappert meldete sich (S. 16)

Die offensichtlich autobiographische Erzählung von Willi Fährmann veranschaulicht, so könnte man sagen, das Problem, das uns die Soziolinguistik ins Bewußtsein gebracht hat: Die Herkunft der Kinder prägt ihr Sprach- und Sozialverhalten und beeinflußt ihre schulischen Chancen. Die Schifferkinder bleiben im Unterricht stumm, weil sie keinen Bezug zwischen dem Schulstoff und ihrer eigenen Erfahrungswelt sehen können. Erst als sie Gelegenheit erhalten, von Schiffen zu berichten, werden sie im Unterricht aktiv. – Mit dem letzten Satz »Ändern sich die Zeiten?« regt Fährmann an, das angesprochene Problem auch auf die Gegenwart zu übertragen. Der Schluß könnte Ausgangspunkt für ein Unterrichtsgespräch sein, in dem die Schüler zu der Frage Fährmanns Stellung nehmen. Zu überlegen wäre etwa, ob auch andere Gruppen von Schülern, z.B. Aussiedlerkinder, Gastarbeiterkinder, in der Schule die Erfahrung der Schifferkinder machen. Auch außerschulische Situationen lassen sich in die Überlegungen einbeziehen, z.B. das Verhalten von Jugendlichen bei Spiel und Sport (gibt es da Ausgeschlossene? Warum? Spielt die Sprachbarriere bei Zugezogenen eine Rolle?).

Vorschläge für Produktionsaufgaben
- Wir lesen bis zur Mitte des Textes, und zwar bis zu der Stelle »Ich verstand ihn falsch. Er meinte gar nicht seine Schwierigkeiten mit diesen Kindern. Nach einer Weile fügte er nämlich hinzu: ...« (S. 18 Mitte). Wir überlegen uns, was der Lehrer Raschlo nun gesagt haben könnte.
- Bei der Stelle (S. 19, 3. Abs.) »Lehrer müssen es lernen, mit sich selbst Geduld zu haben« überlegen wir uns, ob wir es auch schon erlebt haben, daß wir mit uns selbst zu wenig Geduld gehabt haben und daß uns der Vorsatz, geduldiger mit uns zu sein, weitergeholfen hat. Wer will, kann zu einer solchen Erfahrung eine Erlebniserzählung schreiben.
- Wir stellen uns einen Schultag oder eine Schulstunde aus der Sicht eines der Schifferkinder vor und schreiben seine Gedanken dazu in Ich-Form auf.

- Wir ersetzen die Schifferkinder durch eine andere Außenseitergruppe und schreiben eine Geschichte über die Probleme, die diese Kinder in der Schule haben.

Renate Welsh: Einhundertsiebenundachtzig Stufen (S. 20)

Der Text von Renate Welsh führt eine extreme Lebenssituation vor: Er handelt von einem Jungen mit einer schweren, fortschreitenden Krankheit. In einer dichten perspektivischen Gestaltung wird ein kleiner Ausschnitt aus dem Leben des Jungen gezeigt. Der Text soll nicht Mitleid auslösen, denn gerade Mitleid mag der Junge, von dem erzählt wird, nicht. Wohl sieht sich der Leser aber hineingezogen in einen Nachvollzug der Erlebnisperspektive des Kranken. Das kann ein besseres Verstehen bewirken.

Das Problem »Mitleid« mit Behinderten sollte Thema eines Unterrichtsgesprächs sein (Ausgangspunkt können die Ausführungen zu Mitleid im Schlußteil des Textes sein). Anzusprechen ist auch die Frage des Helfens; in der Mitte des Textes steht der nicht gerade zur Hilfe ermutigende Satz: »Und die Leute, die ihm zu helfen versuchten, machten es oft nur schwieriger.« Wie kann man Behinderten angemessen helfen?

Vorschläge für Produktionsaufgaben

- Wir malen den Blick aus einem Fenster so, wie er sich dem Jungen darstellt.
- Wir nehmen an, der Junge spreche eine Art Tagebuch auf Tonband. Wir schreiben auf, was er am Abend des geschilderten Tages auf Band sprechen könnte.
- Wir nehmen an, das Mädchen, das den Jungen im Treppenhaus überholt, bleibe stehen und wolle helfen. Was für ein Dialog könnte sich nun entwickeln? (Mit dieser Aufgabe wird das Problem des Helfens und die Einstellung des Kranken dazu ins Bewußtsein gerückt.)
- Ausgehend von der Überlegung, daß für den Jungen das Hören immer wichtiger als das Sehen wird, versuchen wir, Hörerfahrungen genau festzuhalten. Dazu schließen wir für 3–4 Minuten die Augen und geben auf unsere Höreindrücke genau acht. Dann schreiben wir auf, was wir gehört haben. Dabei ergibt sich, wie für den geschilderten Jungen, die Schwierigkeit der angemessenen Benennung. Das Schließen der Augen für die Hörwahrnehmungen kann während des Unterrichts im Klassenraum oder auch außerhalb erfolgen.

Kurt Marti: Mit Musik im Regenwind fliegen (S. 24)

Der Text lebt vom Gegensatz zwischen der trüben, widerlichen Witterung und dem schaukelnden, lachenden Mädchen. Der Schausteller nennt das Mädchen in Gedanken »verrückt« und »Kind«; diese kindliche Verrücktheit wird zum Zeichen für ein Lebensgefühl, das sich nicht den gewohnten Einschätzungen unterzieht. »Mit Musik im Regenwind fliegen« ist somit Hinweis darauf, daß das Leben auch dort faszinierend sein kann, wo es nach landläufiger Meinung nur langweilig ist.

Vorschläge für Produktionsaufgaben

- Wir stellen uns vor, wie das Mädchen völlig durchnäßt nach Hause kommt, und malen uns das Gespräch aus, das sich zwischen Mutter und Tochter entwickelt.
- Im Gespräch erörtern wir, was mit dem letzten Satz des Textes »Es gibt so viel Musik in der Welt« gemeint sein mag. Dabei überlegen wir, welche Bedeutung sich ergibt, wenn »Musik« metaphorisch aufgefaßt wird. Dann denken wir nach, ob wir selbst schon einmal eine Situation erlebt haben, in der uns so etwas, wie im letzten Satz ausgedrückt, bewußt geworden ist. Wenn wir dafür ein Beispiel finden, schreiben wir es als kleine Geschichte auf.

Leonie Ossowski: Die Metzgerlehre (S. 25)

Der Text eröffnet einen Blick auf erste Berufserfahrungen. Die liegen für Schüler des 7./8. Schuljahres zwar noch in der Ferne, aber der Text zeigt zugleich exemplarisch eine Auseinandersetzung mit der Erwachsenenwelt und reiht sich, da er auch von Selbstbehauptung, Abgrenzung gegenüber den Erwachsenen und Erfahrung der Brutalität von Wirklichkeit handelt, in die Reihe der Initiationstexte ein. Es bietet sich ein Vergleich mit den Texten von Pludra und Simone Schneider an, z.B. unter der Fragestellung, welche für die Entwicklung vom Kind zum Erwachsenen wichtigen Erfahrungen die Protagonisten in den Texten machen. Für ein erörterndes Unterrichtsgespräch bietet sich auch die Frage an, warum Fietscher den Schweinekopf auf den Kahn fallen läßt. Dabei kann man auch einen Bezug auf Fietschers Berufswunsch, zur See zu fahren (vgl. den Anfang des Textes), herstellen. Am Schluß gibt Fietscher dem Schweinekopf die Freiheit, die ihm selbst verwehrt wird.

Vorschläge für Produktionsaufgaben

- Wir lesen den Text bis »…herunter zum Neckar bis zur Brücke, unter der ein Kahn mit Koks durchfuhr« (S. 27, 3. Abs.) und schreiben selbst einen Schluß.

- Wir stellen uns vor, was Fietscher in der folgenden Nacht geträumt haben könnte, und erzählen uns die Träume.
- Wir schreiben den Text aus veränderter Perspektive um, und zwar nach Wahl mit einem der folgenden Sätze beginnend:
  - »Meinen ersten Arbeitstag werde ich nie vergessen. Erst siebzehn Jahre alt war ich...« (Ich-Form als Rückblende)
  - »So ein Döskopf, das Bolzenschußgerät hatte er einfach vergessen. Metzger Kall ärgerte sich über den Lehrling, den man ihm aufgedrängt hatte...« (Er-Form, aber im Unterschied zum Originaltext an der Sichtweise des Metzgers ausgerichtet)
  - »Ich denke immer noch daran, wie gestern mein Mann und der Metzger den jungen Lehrling gezwungen haben, unser Schwein mit der Axt zu töten...« (Ich-Form, Perspektive der Bäuerin)

Diese Produktionsaufgaben können neben der inhaltlichen Vergegenwärtigung der verschiedenen Erlebnisperspektiven auch zum Anlaß genommen werden, eine erzähltechnische Erörterung über die verschiedenen perspektivischen Darstellungen anzustellen. Dabei wäre zum Beispiel über Leistung und Grenzen der Ich-Form zu reden (besonders starke Wiedergabe der Innensicht, aber Beschränkung auf eine einzige Perspektive), aber auch über die Spannbreite der Er-Form, die vom distanzierten Bericht bis zu der eng an der Hauptfigur ausgerichteten Perspektive reicht.

Gina Ruck-Pauquèt: Das dritte Opfer im Kriminalfall X (S. 27)

Der Text von Gina Ruck-Pauquèt schließt insofern an denjenigen von Leonie Ossowski an, als er inhaltlich eine weitere Erfahrung des beruflichen Lebens aufgreift, nämlich die der Arbeitslosigkeit. Da sein Thema die Vergegenwärtigung verschiedener Erlebnisperspektiven ist, kann er die durch die Produktionsaufgaben zum Ossowski-Text angeregte Auseinandersetzung mit Perspektiven fortführen. Die Produktionsaufgaben sind darauf abgestimmt.

Für das Unterrichtsgespräch mag vor allem der folgende, zunächst paradox wirkende kleine Absatz gegen Ende des Textes fruchtbar sein: »Später, als der junge Mann ausgesagt hatte, sperrten sie ihn in eine Zelle. Er setzte sich auf sein Bett und weinte. Er hatte sich lange nicht so wohl gefühlt wie in diesem Augenblick.«

Hauptthema des Textes ist allerdings nicht das Verhalten des jungen Mannes, sondern die Situation seiner Mutter. Man kann sich im Unterricht überlegen, wo es sonst noch solche »dritte Opfer« gibt, die unbekannt bleiben (z.B. Waisenkinder im Krieg).

Im Text gibt es übrigens eine grammatikalisch mißglückte Formulierung: »Und der Pullover, an dem sie gestern noch Masche um Masche zu stricken freute...« (S. 30 unten). Auch Schriftsteller sind nicht immer perfekt! Vielleicht finden die Schüler eine bessere Formulierung, z.B. »...an dem sie gestern noch mit Freude Masche um Masche strickte«.

Vorschläge für Produktionsaufgaben
- Wir schreiben eine Fortsetzung zu der Geschichte, und zwar ausgehend von einem der folgenden Anfänge:
  - »Als die Nachbarin der Frau vom Überfall hörte, sagte sie zu ihrem Mann: ...«
  - »Als Jimbi vom Überfall hörte, dachte sie...«
  - »Als die Freunde des Jungen vom Überfall hörten, sagten sie:...«
- Wir suchen eine Zeitungsmeldung heraus und erfinden dazu eine Geschichte. Wir versuchen dabei, verschiedene Perspektiven zu verdeutlichen (wie es G. Ruck-Pauquèt in ihrem Text gemacht hat).

Textgruppe »Begegnung mit anderen Menschen«

Die Textgruppe führt Situationen vor, in denen Menschen auf ungewöhnliche Weise anderen Menschen begegnen. Heiteres und Nachdenkliches wechseln sich ab und vermischen sich. Die Textgruppe setzt die gegen Ende der vorigen Textgruppe angeregte Auseinandersetzung mit anderen Menschen und Erlebnisperspektiven fort.

Federica de Cesco: Spaghetti für zwei (S. 32)

Der Text vermittelt auf vergnügliche Weise eine antirassistische Botschaft, die wegen der leichten Verständlichkeit des Textes nicht eigens herausinterpretiert zu werden braucht. Für den Unterricht kann interessant sein, daß die Spannung des Textes durch die starke perspektivische Gestaltung erreicht wird: Der Leser erfährt das Geschehen nur aus der Sicht des Protagonisten Heinz und vollzieht damit dessen Ratlosigkeit und Unsicherheit bis zur erlösenden Aufklärung und Pointe am Schluß mit. Man kann im Unterricht entsprechend erörtern, mit welchen Mitteln die Autorin es zustande gebracht hat, daß der Text spannend und amüsant wirkt. Wenn man will, kann man, ausgehend von solchen Überlegungen, auch genauer auf die erzähltechnischen Mittel der perspektivischen Darstellung eingehen. Der Text arbeitet stark mit inneren Monologen, also mit der wörtlichen Wiedergabe der Gedanken von Heinz. Es kommt aber auch erlebte Rede vor, z.B. Sätze wie »Heiliger Strohsack! Dieser Typ forderte ihn tatsächlich auf, die Spaghetti mit ihm zu teilen!« (S. 34, letzter Absatz). Hier wird zwar in Er-Form formuliert; aber es ist doch unmittelbar das wiedergegeben, was Heinz denkt, bis in die Wortwahl, die ihm entspricht; als innerer Monolog müßte es mit Umstellung auf Ich-Form und Wechsel ins Präsens heißen: »Dieser Typ fordert mich tatsächlich auf,...«. Der innere Monolog ist in diesem Text übrigens immer in Anführungszeichen gesetzt, was das Erkennen leichter macht. Die Abgrenzung von erlebter Rede und Erzählerrede (also dem, was der Erzähler in seiner Sprache über das Geschehen berichtet) ist allerdings nicht immer leicht vorzunehmen. Wie in vielen Texten sind die Übergänge auch hier eher fließend. In einer kleinen Übung können innerer Monolog, erlebte Rede und Gedankenbericht (also Stellen, wo der Erzähler in seiner Sprache etwas über das Innere von Heinz sagt, z.B.: »Plötzlich faßte er einen Entschluß«, S. 33 Mitte) in verschiedenen Farben unterstrichen werden. Dabei geht es nicht so sehr darum, alle Stellen richtig einzuordnen, wichtig ist vielmehr ein Einblick in die verschiedenen Möglichkeiten der Darstellungsweise. Dieser kann mit den Beobachtungen zur Leistung der verschiedenen Erzählperspektiven, die beim Text von Leonie Ossowski angeregt worden sind, verbunden werden.

Hier noch eine Zusammenstellung der Formen der Gedankenwiedergabe:

Gedankenbericht (in Erzählerrede)	*erlebte Rede*	*innerer Monolog*
z.B. »Irgendwie wollte er wissen, wie es weiterging.« (S. 34 Mitte)	z.B. »Zum Teufel mit diesen Asylbewerbern! Der kam irgendwo aus Uagadugu, wollte sich in der Schweiz breitmachen, und jetzt fiel ihm nichts Besseres ein, als ausgerechnet seine Gemüsesuppe zu verzehren!« (S. 33, 3. Abs.)	z.B. »Vielleicht hat der Mensch kein Geld, muß schon tagelang hungern. Dann sah er die Suppe da stehen und bediente sich einfach. Schon möglich, wer weiß? Vielleicht würde ich mit leerem Magen ähnlich reagieren?« (S. 33 unten)

Man lasse aber nicht vor lauter Analysieren das Vergnügen am Text zu kurz kommen!

Vorschläge für Produktionsaufgaben
- Wir lesen das erste Viertel der Geschichte, und zwar bis zum Satz »Ein

Schwarzer saß an seinem Platz und aß seelenruhig seine Gemüsesuppe!« (S. 33, 2. Abs.), und schreiben die Geschichte selber weiter.
- Wir lesen die Geschichte bis kurz nach der Mitte, und zwar bis zu den Sätzen »Haut der tatsächlich ab? Jetzt ist aber das Maß voll! So eine Frechheit! Der soll mir wenigstens die halbe Gemüsesuppe bezahlen!« (S. 34, 2. Abs.), und schreiben die Geschichte weiter.
- Wir lesen bis zu der Stelle, wo der Schwarze den Teller Spaghetti mit den zwei Gabeln auf den Tisch stellt (S. 34, 5. Abs.), und überlegen uns, was die beiden nun denken. Das schreiben wir in zwei Spalten auf, so daß die Gedanken der beiden einander gegenüberstehen.
- Wir lesen die Geschichte bis zu der Stelle, wo Heinz seinen Teller mit der kalten Gemüsesuppe entdeckt (»...stand – einsam auf dem Tablett – ein Teller kalter Gemüsesuppe«, S. 35, 2. Abs.), und schreiben einen Schluß für die Geschichte.
- Wir spielen die Geschichte und vergleichen die dabei sich ergebenden Ausdrucksmöglichkeiten mit dem geschriebenen Text. Die Figuren bleiben bis kurz vor dem Schluß stumm, so daß wir keine genaue Auskunft über die Gedankengänge von Heinz erhalten. An die Stelle der Gedankenwiedergabe tritt im Spiel die Mimik und Gestik, die uns etwas über das Innenleben der Figuren verraten können. Der Vergleich Spiel – Text kann auch als Hinführung zur Analyse der erzähltechnischen Mittel verwendet werden.
- Wir schreiben die Geschichte aus der Perspektive von Marcel um (in Ich- oder Er-Form). Damit können wir uns auch seine Überlegungen und Empfindungen vergegenwärtigen. Aufhänger könnte die Stelle sein »Heiliger Bimbam! Wenn ich nur wüßte, was er denkt!« (S. 35, 2. Abs.).

Erich Fried: Begegnung mit einem schlechten Menschen (S. 36)

Der Titel des Textes von Erich Fried enthält die Frage, um die es geht: Ist die Frau, der der Erzähler begegnet ist, wirklich ein schlechter Mensch? Der Freund des Erzählers teilt seine Auffassung nicht. Die Geschichte hält so zur differenzierten moralischen Argumentation an: Was vor dem Hintergrund gewohnter moralischer Vorstellungen zunächst eine klare Beurteilung zu ermöglichen scheint (»schlechtes« Verhalten der Frau, gerechtfertigtes Eingreifen des Erzählers), erweist sich im Verlauf des Textes als zu einfache Beurteilung. Die Problematik, die der Text entfaltet, kann Gegenstand eines Unterrichtsgesprächs sein.

Vorschläge für Produktionsaufgaben

- Wir lesen den Text bis zum Anfang des zweitletzten Abschnittes (»Ein Freund, dem ich diese Episode noch am gleichen Tag empört berichtete,

teilte meine Entrüstung gar nicht«, S. 37 oben) und schreiben selbst eine Fortsetzung.
- Wir phantasieren, wie sich die Episode für die Frau abgespielt haben könnte, und schreiben die Geschichte aus ihrer Perspektive. Dabei könnte man gezielt sowohl eine Variante verfassen, die der Annahme des Freundes, als auch eine, die der Auffassung des Erzählers entspricht.

Roland Gallusser: Das Gewehr im Bett (S. 37)

Auch der — spannend geschriebene — Text von Roland Gallusser wirft die Frage nach Bewertung von Handlungsweisen auf. Er weckt Verständnis für einen Menschen, der gegenüber seinen Mitmenschen verschlossen ist und durch seinen Grimm für sie bedrohlich wird. Es geht aber auch um das Verhalten des Erzählers, der den Protagonisten schützt und dessen Lüge nicht aufdeckt. Dieses Verhalten des Arztes kann, ausgehend von der Frage, ob man sich in der geschilderten Situation auch so verhalten würde, Ansatzpunkt für ein Gespräch sein.

Vorschläge für Produktionsaufgaben
- Wir lesen die Geschichte bis zum Satz »Schweigend stiegen wir bergan« (S. 39, Mitte) oder bis zum Satz »Mit seiner Hand holte er den Karabiner hervor und streckte mir wie ein Kind das Gewehr entgegen« (S. 41, 2. Abs.) oder bis zu dem Satz »‚Wissen Sie, Doktor‘, sagte er traurig,...« (S. 41 unten) und schreiben die Geschichte selber weiter.
- Wir schreiben die unmittelbare Vorgeschichte zum Text, d.h. wir erzählen, wie das mit dem abgegebenen Schuß war. Dabei versuchen wir, anders als dies im vorgegebenen Text der Fall ist, die Gedanken und Empfindungen von Xaver zum Ausdruck zu bringen. Diese Aufgabe hält zu einer intensiveren Beschäftigung mit der Hauptfigur an.
- Wir nehmen an, ein Freund, dem der Arzt die Geschichte erzählt habe, sei mit dessen Verhalten nicht einverstanden, sondern meine, der Arzt hätte die Polizisten über den wahren Verbleib des Karabiners aufklären müssen. Wir schreiben das Gespräch zwischen dem Arzt und seinem Freund auf oder spielen es im Stegreifspiel.

Ernst Kreuder: Luigi und der grüne Seesack (S. 42)

In diesem Text wird wieder, wie im vorhergehenden, ein normwidriges Verhalten vom Erzähler gedeckt. Der Erzählton aber ist leichter, eine Vertiefung der moralischen Problematik würde den unterhaltsamen Charakter der Geschichte beeinträchtigen. Unser Vergnügen am kleinen Gauner Luigi soll erhalten bleiben.

Nicht leicht zu verstehen ist der Schluß des Textes: »Gleich darauf fühlte ich mich zum ersten Male hier bedrückend allein.« Die Schüler können eine Deutung dieser Aussage versuchen.

Vorschläge für Produktionsaufgaben
- Wir lesen bis zur Mitte des Textes (bis zum Satz »An der Flurtür wurde jetzt ununterbrochen geklingelt«, S. 44 oben) und schreiben eine Fortsetzung. Es könnten sogar mehrere an der Fortsetzung schreiben; immer wenn einer ein Stück geschrieben hat, gibt er das Blatt weiter.
- Wir schreiben eine Lebensgeschichte von Luigi.

Textgruppe »Krieg und Unterdrückung«

Diese Textgruppe ist anspruchsvoller und ernster als die anderen. Inhaltlich sind das Dritte Reich und der Zweite Weltkrieg angesprochen. Gewisse historische Kenntnisse sind für das Verständnis notwendig, müssen also gegebenenfalls im Zusammenhang mit der Textlektüre vermittelt werden. Die Möglichkeiten für Produktionsaufgaben sind weniger vielfältig; aber die Beschäftigung mit der Geschichte fordert immer auch unser Vorstellungsvermögen heraus, so daß eine produktiv-kreative Auseinandersetzung mit den Texten ihre spezifische Funktion für das historische Verstehen erfüllt. — Neben der Hinführung zur Vergangenheit sollen die Texte die Möglichkeit der Beschäftigung mit exemplarischen Verhaltensweisen bieten. Die Hauptfiguren sind keine strahlenden Helden, aber sie sehen sich einer Bewährungsprobe in schwierigen, z.T. gefährlichen Situationen ausgesetzt.

Anna Seghers: Das Schilfrohr   (S. 46)

Der Text von Anna Seghers, der längste in der Auswahl für das 7./8. Schuljahr, entwickelt einerseits ein spannendes Geschehen (die Protagonistin versteckt einen Kriegsgegner vor der Polizei), vermittelt andererseits ein intensives, verhaltenes Bild vom Lebensschicksal der Frau. Der letztere Aspekt ist für die Schüler sicherlich schwerer zu erfassen, zumal die Stärke von Anna Seghers' Stil u.a. in seinem Andeutungscharakter besteht. Martas Enttäuschung und Schmerz darüber, wie sich Kurt Steiner ihr nach dem Krieg entzieht, wird mehr indirekt zum Ausdruck gebracht. Das Anliegen der Autorin allerdings ist nicht so sehr, ein tragisches Schicksal darzustellen, sondern einen Menschen zu zeigen, der von außen gesehen unscheinbar wirkt, aber mit großer innerer Kraft sein Leben besteht. Die Erzählung steht, und das zeigt diese Intention, ursprünglich in einer Sammlung mit dem Titel »Die Kraft der Schwachen«. Man könnte diesen Titel zum Ausgangspunkt eines Unterrichtsgespräches machen und erörtern, wo überall sich die Kraft der Marta Emrich zeigt.

Vorschläge für Produktionsaufgaben
- »Was hätte man andres sagen können, da man nichts andres wußte?« So lautet der letzte Satz der Geschichte. Der Leser weiß mehr als die Menschen aus Martas Umwelt. Wir stellen uns vor, jemand erkundigte sich bei uns nach Marta (vgl. Beginn des zweitletzten Absatzes). Wir schreiben auf, wie wir in einem solchen Fall Marta charakterisieren würden.
- Wir schreiben einen Brief, in dem Kurt Steiner einem Freund von seinem Aufenthalt bei Marta Emrich erzählt. Damit kann die Perspektive von Steiner vergegenwärtigt werden. Im Gespräch wird man sich darüber unterhalten können, inwieweit Steiner sich die Erlebensperspektive von Marta überhaupt klar macht.
- Wir stellen uns vor, Kurt Steiner sei bei Martas Reise nach Berlin noch nicht in den Westen geflohen und Marta hätte ihn getroffen. Welches Gespräch hätte sich zwischen den beiden ergeben können? Wir schreiben das Gespräch auf oder spielen es.

Walter Landin: Großvater (S. 56)

Der Text ist zwar für eines der Jahrbücher der Kinderliteratur geschrieben, doch wegen seiner Darstellungsweise ist er nicht ganz leicht zu verstehen. Es wird nicht chronologisch erzählt, sondern mehr in assoziativen Bruchstücken zusammengestellt, was der Erzähler über seinen Großvater denkt, wie er sich seiner erinnert. Ähnlich wie im »Schilfrohr« von Anna Seghers bleibt das Wesen der Hauptfigur für die Umwelt mehr oder weniger verschlossen. Der Text bedeutet eine Annäherung an sie. Entscheidend in der Biografie des Großvaters in Landins Text ist die Weigerung, der NSDAP beizutreten. Ein zweites wichtiges Motiv ist die Bedeutung des Lesens der Bücher. Der Schlußsatz des Textes »Ich habe von Großvater nicht nur das Schachspielen gelernt« kann Ausgangspunkt für ein Gespräch sein, das auf die wesentlichen Aspekte des Textes aufmerksam macht. Dabei kann man sich auch überlegen, ob es u.U. einen Zusammenhang zwischen dem Bücherlesen des Großvaters und seiner Haltung der NSDAP gegenüber geben könnte. In diesem Zusammenhang kann ein Schüler über die Bücherverbrennung im Dritten Reich referieren.

Vorschläge für Produktionsaufgaben
- Ausgehend vom ersten Satz des zweitletzten Abschnittes (»Ich stelle mir die Gespräche in der Küche vor, abends beim Kartenspielen«, S. 57 unten) überlegen wir uns, wie diese Gespräche abgelaufen sein könnten, und schreiben sie auf.
- Wir nehmen an, ein Freund des Erzählers habe ihn nach seinem Großvater gefragt. Wir schreiben einen Brief, in dem der Erzähler von seinem Großvater berichtet. Ein Vergleich mit dem Vorlagetext kann anschließend zu einer Beobachtung der stilistischen Ausdrucksmittel führen (Unterschiede Brief − literarischer Text).

Johanna Braun/Günter Braun: Das Schild an der Ladentür (S. 58)

Der Text schließt inhaltlich an den von Walter Landin an; ausführlich wird hier eine Situation aus dem Alltag im Dritten Reich, dem Leben zwischen Widerstand und Anpassung, gezeigt. Deutlich wird der Druck der Machthaber, aber auch der sozialen Umwelt, der eine politisch-moralisch klare Haltung schrittweise immer mehr bedroht. Das Dilemma zwischen Fürsorge für die eigene Familie und antirassistischer Haltung führt den Protagonisten in eine fast ausweglose Situation.

Vorschläge für Produktionsaufgaben
- Wir lesen den Text bis zur Mitte des drittletzten Absatzes (bis zu dem Halbsatz »Oswin sagte zu seiner Frau...«, S. 61) und schreiben die Erzählung selber zu Ende.
- Wir lassen Onkel Oswin durch verschiedene Figuren des Textes vorstellen; einer versetzt sich in den Schwager Helmut und charakterisiert aus dieser Sicht Oswin, ein anderer tut das gleiche aus der Perspektive von Oswins Frau usw. Dadurch entsteht nicht nur ein Bild von Oswin, sondern auch eine Auseinandersetzung mit seiner Verhaltensweise und eine Charakterisierung der Gedankengänge anderer Figuren.
- Wir schreiben die Geschichte in ein kleines Theaterstück um und führen es auf. Oder wir gestalten ein Hörspiel zur Geschichte. Dabei ist über den Einsatz von Geräuschen nachzudenken: z.B. Zeitungsrascheln, bevor jeweils Oswin oder seine Frau die neueste Anweisung zum Anbringen der Schilder lesen; oder Klingeln der Glocke, wenn jemand das Geschäft betritt.

Tilde Michels: Freundschaftsringe (S. 62)

Wie der vorhergehende spricht auch dieser Text die Verfolgung der Juden im Dritten Reich an. Da er der Perspektive eines Kindes angenähert ist, stellt er dem Verständnis weniger Schwierigkeiten entgegen als die vorhergehenden Texte. Neben der Vergegenwärtigung dessen, was den Juden angetan wurde, ist die innere Gelähmtheit Susis in der entscheidenden Situation ein wichtiges Thema. Sie kann keinen Fuß rühren, als Esther in die hinterste Reihe geschickt wird, und stellt sich auch in der Pause nicht zu ihrer Freundin. Dieses Verhalten kann im Unterrichtsgespräch erörtert werden; ein moralisches Verurteilen sollte dabei allerdings vermieden werden; es ist ja nicht böse Absicht, sondern Schwäche und ratlose Betroffenheit, die Susis Verhalten zugrunde liegen.

Vorschläge für Produktionsaufgaben
- Wir stellen uns vor, wie das Gespräch zwischen Susis Mutter und der Nachbarin, Frau Gruber, abgelaufen sein könnte (vgl. die Stelle S. 65, 4. Abs.: »Sie hat gehört, was Frau Gruber zu Susis Mutter gesagt hat...«).
- Wir halten in Ich-Form die Gedanken fest, die Esther nach ihrer Versetzung in die letzte Reihe der Klasse durch den Kopf gehen.
- Wir überlegen uns, wie eine Aussprache zwischen Susi und Esther hätte ablaufen können, wenn Esther noch nicht abgereist gewesen wäre und Susi sie an der Kreuzung getroffen hätte. Oder wir nehmen an, Susi habe die Anschrift von Esther erfahren und schreibe ihr einen Brief (Verfassen des Briefes, u.U. auch Antwortbrief von Esther).
- Wir gestalten den Text zu einer Fotogeschichte um. Dazu werden die wichtigen Szenen in einzelne Einstellungen aufgegliedert, als Standbild gestellt und fotografiert. Die nacheinander aufgeklebten Fotos können dann mit Text ergänzt, ggf. auch mit Sprechblasen versehen werden. Aufteilung der Figuren im Raum, Gestik und Mimik sind bei einer solchen Darstellungsweise wichtig.

Max von der Grün: Kinder sind immer Erben (S. 68)

Der Text von Max von der Grün handelt von der Nachgeschichte des Dritten Reiches. Es geht um das Verhalten gegenüber einer Familie, deren Vater als nationalsozialistischer Mörder verhaftet wird. Der moralisch rechthaberische Nachbar des Verhafteten und dann Verurteilten wird durch die Argumente seiner Frau ins Unrecht gesetzt. Obschon dieser Nachbar als Ich-Erzähler die Geschichte selbst erzählt, wirft der Text ein eindeutig kritisches Licht auf ihn. Man kann als Einstieg vor der Lektüre kurz die Situation skizzieren und fragen, ob die Schüler es für angemessen hielten, daß die Nachbarsfamilie den Kontakt mit der des Verurteilten abbricht. Ferner könnte man die Geschichten von Tilde Michels, Johanna und Günter Braun und Walter Landin heranziehen und untersuchen, ob es Parallelen im Verhalten der Menschen im Dritten Reich und in der von Max von der Grün geschilderten Reaktion auf die Verhaftung gibt (Problem des sozialen Drucks, der Feigheit bzw. der Zivilcourage).

Vorschläge für Produktionsaufgaben
- Wir schreiben auf, was die Frau des Mörders nach der Verurteilung gedacht haben mag.
- Wir erzählen, wie die Kinder des Verhafteten den ersten Schultag nach der Meldung in der Zeitung erleben.
- Wir nehmen an, die Frau des Ich-Erzählers fände es richtig, daß sie und ihr Mann auch den Verurteilten im Gefängnis besuchten, und schreiben den Dialog auf, der sich über diese Frage zwischen den beiden entwickeln könnte.

Textgruppe: »Das gibt's doch nicht!«

In der letzten Textgruppe liegt der Akzent auf dem Surreal-Komischen. Der spielerische Umgang soll dabei im Unterricht im Vordergrund stehen. Der erste Text handelt noch von realer Vergangenheit, allerdings in einer sprachspielerischen Ausdrucksweise, der letzte Text weist zivilisationskritisch auf eine mögliche Zukunft hin.

Alois Brandstetter: Einläßliche Beschreibung der Maulschelle (S. 72)

Brandstetters »Einläßliche Beschreibung der Maulschelle« ist eine satirische Abrechnung mit früheren Erziehungsmethoden. Dabei geht es allerdings weniger um die kritische Intention als um die artistische sprachliche Gestaltung. Nach dem einleitenden Absatz lassen sich zwei Teile im Text unterscheiden; der erste charakterisiert den Empfänger der Maulschelle, der zweite (von »diejenigen, welche Maulschellen austeilten, waren Respektspersonen« an, S. 73 Mitte) bezieht sich auf die Strafenden. Hier wird auch mit lautlichen Abweichungen gearbeitet, z.B. Ähren statt Ehren oder leucht statt leicht. Damit soll offenbar die Sprechweise der »sehr vorgesetzten Personen« parodiert werden. Für Schüler des 7./8. Schuljahres ist u.U. die ironische Grundhaltung des Textes nicht auf Anhieb verständlich. Daß etwa die Aussagen über den Maulschellenempfänger, z.B. »er nahm sich nicht zusammen«, eher die

Vorwürfe der Autoritäten wiedergeben, als daß sie eine zutreffende Charakterisierung des Knaben sind, muß ggf. erarbeitet werden. Ein Einstieg in eine entsprechende Erörterung könnte z.B. die Frage sein, ob denn nur »nichtsnutzige Schelme« und »Galgenstricke« usw. früher Maulschellen erhalten hätten. Dann dürfte deutlich werden, daß der Text Schimpfwörter von früher zusammenstellt und so mehr die Maulschellenausteiler als die Empfänger charakterisiert.

Vorschläge für Produktionsaufgaben
- Wir tragen den Text im Chor vor, und zwar so, daß einzelne Stellen von mehreren, andere wieder nur von einzelnen Sprechern gesprochen werden. Dabei kann man auch zusätzliche Spracheffekte einbauen, z.B. murmelndes Wiederholen einzelner Stellen durch eine Sprechergruppe und ähnliches.
- Wir verfassen einen ähnlichen Text über eine heutige Erziehungsmaßnahme, indem wir gegenwärtiges Vokabular einbauen, und setzen ihn auch im Vortrag akustisch um (z.B. eine »Einläßliche Beschreibung der Strafaufgaben«).
- Wir machen eine Umfrage über früheres Erziehungsverhalten, indem wir Eltern, Großeltern und andere ältere Erwachsene nach ihren häuslichen und schulischen Erfahrungen früher fragen.

Kurt Kusenberg: Mal was andres (S. 74)

Der Text von Kurt Kusenberg enthält zwar noch keine übernatürlichen Elemente, aber er ist so unwahrscheinlich, daß er doch den Übergang zu den folgenden surrealen, märchenhaften, phantastischen Texten bildet. Er ist in seiner extremen Gegenüberstellung des steifen Verhaltens einerseits und des ausgelassenen, gauklerhaften Treibens andererseits inhaltlich und sprachlich eher einfach gestaltet. Für die produktive Verarbeitung bietet er aber einige reizvolle Ansätze.

Vorschläge für Produktionsaufgaben
- Wir lesen den Anfang des Textes bis zur Mitte des fünften Absatzes (dem Satzanfang »Im nächsten Augenblick beugte der Sohn sich nieder...«, S. 74) und schreiben den Text selber weiter.
- Wir denken uns andere Situationen aus, in denen Menschen plötzlich die gewohnten Verhaltensweisen verlassen und sich ganz unerwartet verhalten (z.B. Schüler im Unterricht oder ein Verkehrspolizist auf einer Straßenkreuzung oder eine Oma, die sich nicht mehr großmütterlich verhält). Wir verfassen eine entsprechende Geschichte.
- Wir verfassen in Ich-Form die Erzählung von einem Traum, in dem sich ein eigener Wunsch vom Anderssein verwirklicht.

Helga Schubert: Das Märchen von den glücklichen traurigen Menschen (S. 77)

Der Text von Helga Schubert bedient sich der Märchenform, gewinnt seine Bedeutung aber vor allem auf der parabolischen Ebene. Man darf in ihm vor allem eine Kritik an Herrschaftsstrukturen in modernen totalitären Staaten sehen. Die Tatsache, daß Helga Schubert in der DDR lebt, legt eine Anwendung auf ihren Staat nahe. Man kann aber ebenso im Text die negative Utopie einer Gesellschaft sehen, die meint, endlich das vollkommene Glück erreicht zu haben. Im Unterricht kann der Hinweis auf den Wohnort der Autorin Anstoß für die Erörterung der parabolischen Dimension sein.

Vorschläge für Produktionsaufgaben

- Wir lesen bis zu der Stelle, wo der Königssohn wegen des Zahnarztbesuchs aus dem Schloßgarten hinausgeht (bis zum Satz »Wie müssen sie mich lieben, dachte er geschmeichelt«, S. 80, Ende 4. Abs.), und schreiben die Geschichte selber zu Ende.
- Wir stellen uns Situationen vor, die der Königssohn beobachtet und bei denen ihm das Lachen der Menschen merkwürdig erscheint, und nehmen an, er beginne mit Nachforschungen, um den Gründen für das Lächeln auf die Spur zu kommen. Wir schreiben, wie die Geschichte mit dieser Vorgabe verlaufen könnte, oder spielen entsprechende Szenen.
- Wir spielen lächelnd unerfreuliche Situationen, z.B. ein Streitgespräch, eine Lehrerkonferenz über Disziplinprobleme, die Reklamation eines Kunden in einem Geschäft. Dann werden Szenen mit weinendem oder besser nur traurig ernstem Gesicht gespielt. Ferner ließe sich ausdenken, daß der König seine Meinung wieder ändere und vorschreibe, man dürfe nur noch wütend miteinander umgehen oder alle müßten jederzeit Langeweile zum Ausdruck bringen. Wiederum werden dazu kleine Szenen gespielt. So können verschiedene Situationen mit unterschiedlicher Mimik und Gestik präsentiert werden. Das Ganze soll in rascher Folge aus dem Stegreif erfolgen und mehr den Charakter einer schauspielerischen Lockerungsübung als einer ernsthaften Vertiefung in Rollen haben. Um dies zu betonen, könnten die Schüler sogar Vorschläge für Situationen und Angaben zur Mimik auf Lose schreiben und diese in zwei verschiedene Schachteln legen. Immer zwei oder drei Schüler nehmen nun aus jeder Schachtel ein Los und spielen entsprechend der Vorgabe eine kleine Szene.

Gabriele Wohmann: Grün ist schöner (S. 81)

Wegen der ungewöhnlichen Erzählstruktur fällt der Zugang zu Gabriele Wohmanns Text nicht unbedingt auf Anhieb leicht. Er beginnt mit einem inneren Monolog der Hauptfigur, des Kindes im Badezimmer. Der zweite Absatz ist dann in Er-Form geschrieben. Auch im folgenden wechseln Passagen des inneren Monologs und der Erzählerrede in Er-Form, in die auch direkte Rede eingebaut ist. Diese Erzählstruktur steht im Dienst der inhaltlichen Wirkung: Die phantastischen Vorstellungen des Kindes, das sich, von der Mutter »Frosch«, »Fröschlein«, »Froschmann« genannt, vorstellt, es sei nun wirklich ein grüner Frosch, sollen auf den Leser so intensiv wirken, wie ein Kind sie sich ausmalen kann. Der Text führt vor, daß bedenkenlos hingesprochene Worte Erwachsener von den Kindern ernsthaft wie ein Stück Wirklichkeit aufgefaßt werden können (in der geschilderten Situation wird die Vorstellung vom Grünsein gestützt durch die Wirkung des Lichts der Höhensonne). Mit seiner Phantasie vom Anderssein grenzt sich das Kind von seinen Mitmenschen ab und verwirklicht damit spielerisch sowohl ein Stück Selbstbewußtheit als auch ein Außenseitergefühl. So gesehen enthält der Text auch das Thema der Selbstfindung. Ein Gespräch über die Gründe, warum sich Kinder solche Vorstellungen ausmalen, kann verschiedene Aspekte des Spiels mit dem Grünsein verdeutlichen – von der reinen Freude an der Verwandlung bis zur Abgrenzung von anderen als Weg zum eigenen Ich.

Vorschläge für Produktionsaufgaben

- Wir stellen uns vor, wir seien im Spotlight einer Disco und entwickelten ähnliche Vorstellungen wie das Kind in der Badewanne. Wir halten die Vorstellungen fest.
- Wir stellen uns vor, wie es tatsächlich wäre, wenn ein Mensch ganz grün wäre. Wie würde er sich verhalten, was würde er erleben? Was würden wir denken, wenn wir ihn sähen?
- Wir schreiben eine Geschichte zu anderen metaphorischen Kennzeichnungen, die Erwachsene gegenüber Kindern verwenden, z.B. »kleine Maus« oder »Bärchen« usw.

Rudolf Otto Wiemer: Niemand (S. 83)

Der Text lebt ganz vom Spiel mit dem Wort »niemand«, das sowohl als Name wie als Pronomen verwendet wird. Er wendet so einen bekannten und beliebten Trick des Sprachspiels an. Es gibt Witze und Scherzfragen, die mit diesem und ähnlichen Wörtern arbeiten; vielleicht kennen die Schüler Entsprechendes und können es im Unterricht wiedergeben.

Vorschläge für Produktionsaufgaben
- Wir erzählen weitere Episoden aus dem Leben von Niemand.
- Wir spielen einzelne Niemand-Szenen als kleine Sketche.
- Wir verfassen kurze Texte von Niemand für den Anzeigenteil einer Zeitung (z.B. eine Todesanzeige, ein Stellengesuch, eine Verlustmeldung oder eine Werbeanzeige).

Bernhard Gurtner: Sehr geehrter Herr Spitalpräsident (S. 85)

Die Geschichte von Gurtner folgt einer in der Literatur oft angewendeten Spielregel: Es geschieht etwas Unwahrscheinliches mitten in der normalen Alltagswelt; erzählt wird, wie die Menschen sich nun verhalten. Das verfremdende Licht, das dadurch auf die Verhaltensweisen fällt, kann eine gewisse entlarvende Wirkung ausüben. Im Text von Gurtner ist in dieser Hinsicht schon der Kontrast zwischen dem bemühten, ausführlich genauen Briefstil und dem komischen Geschehen ein Mittel der komisch-satirischen Wirkung.

Vorschläge für Produktionsaufgaben
- Wir berichten das Geschehen in einer anderen Textsorte bzw. aus anderer Perspektive, z.B. in der Form einer Zeitungsmeldung oder als Brief einer beteiligten Schwester an ihre Freundin.
- Wir denken uns andere unwahrscheinliche Vorkommnisse aus und erzählen sie so, als wenn sie wirklich geschehen wären (z.B. zum Erfahrungsfeld Schule: Ein Lehrer führt das Fach »Demonstrieren« ein. Oder: An einem Vormittag in der Woche geben die Schüler den Lehrern Unterricht. Oder: Eine Klasse beschließt, nur noch in langen Kutten und Röcken zum Unterricht zu kommen. Verfaßt wird jeweils ein Bericht des Schulleiters an das Schulamt bzw. den Schulrat).
- Man kann die Schreibaufgabe spielerisch gestalten, indem sich jeder zunächst ein überraschendes Ereignis ausdenkt und als Anfang einer Geschichte aufschreibt. Dann werden die Blätter weitergereicht und die Fortsetzungen geschrieben.

Jürg Schubiger: Mabo (S. 90)

Schubiger greift einerseits das (vor allem in der Kinderliteratur) bekannte Motiv des phantastischen Gefährten auf, andererseits ist ein gewisser Einfluß von Kafka zu spüren. Auch hier darf man nicht zu sehr nach einer tieferen Bedeutung suchen. Das Auftauchen von Mabo hat etwas zu tun mit unseren Wünschen und Vorstellungen, die uns immer wieder über den routinierten Alltag hinaustragen. Mabo verkörpert das Unstete (sein Name Mabohutzwitl bedeutet »Einer, der kommt und geht«, heißt es im Text), er erzählt wilde Geschichten vom Vater Wind. Wenn der Ich-Erzähler an Mabo denkt, überkommt ihn eine »wunderliche Zerstreutheit«, ein Gefühl, wie es vielleicht der Text selbst vermitteln kann. Vielleicht kommt man dem Wesen Mabos etwas näher, wenn man gemeinsam überlegt, was für Geschenke man Mabo machen könnte, die ihm besser gefielen als diejenigen des Ich-Erzählers.

Vorschläge für Produktionsaufgaben
- Wir erzählen, wie der Ich-Erzähler eines Tages erfährt, was der Name »Mabodaulatl« bedeutet (diesen Namen hat Mabo dem Erzähler geschenkt, vgl. den Schluß der Geschichte).
- Wir stellen uns vor, Mabo tauche plötzlich im Schulzimmer auf. Was könnte nun geschehen?
- Wir schreiben in der Perspektive von Mabo, wie er verschiedene Leute besucht. Dabei sollte man davon ausgehen, daß sich Mabo immer wieder über das Verhalten der erwachsenen Menschen wundert.

Franz Hohler: Ein erschreckender Anblick (S. 92)

Hohlers Text präsentiert das Modell der phantastischen Literatur sozusagen in kürzester Form. Etwas, was nicht sein kann, wird plötzlich Wirklichkeit; der Leser bleibt irritiert zurück, weder eine sinnvolle Erklärung des Geschehens noch ein Hinweis auf eine mögliche tiefere parabolische Bedeutung wird gegeben. Die Irritation bleibt Selbstzweck.

Vorschläge für Produktionsaufgaben
- Wir lesen den Text bis »Aber dort, wo sonst sein Gesicht war, sah er...« (2. Absatz) oder bis »wollte sich ins rechte Ohr kneifen...« (3. Absatz) oder bis »und in dem Moment sah er, daß...« (4. Absatz) oder bis »beruhigt wandte sich Herr Direktor J. der Türe zu, da...« (letzter Absatz) und schreiben ihn selber zu Ende.
- Wir verfassen andere Geschichten, in denen jemand in den Spiegel schaut und über den Anblick erschrickt. Diese Schreibaufgabe läßt sich auch als Fortsetzungsgeschichte arrangieren: Jeder fängt eine Geschichte an und gibt das Blatt weiter, der nächste schreibt eine Fortsetzung und gibt das Blatt noch einmal einem nächsten Schreiber.
- Wir lassen uns selber phantastische Geschichten einfallen und schreiben sie auf.
- Der Text von Franz Hohler erinnert stark an Bilder von René Margritte. Man könnte Abbildungen in den Unterricht mitbringen und dazu Texte schreiben.

Marie Luise Kaschnitz: Das letzte Buch (S. 92)

Eine Zukunft ohne Buch? Diese (negative?) Utopie deutet Marie Luise Kaschnitz in ihrem Text an. Er kann Anlaß sein für ein Gespräch über Funktion und Zukunftschancen des gedruckten Wortes in der Mediengesellschaft.

Vorschläge für Produktionsaufgaben
- Wir stellen uns vor, die Mutter versuche dem Kind zu erklären, warum man früher Bücher gelesen hat. Wir schreiben die Ausführungen der Mutter mit Fragen des Kindes auf.
- Wir überlegen uns, was sonst noch in dem Museum, das das Kind mit seiner Klasse besucht hat, zu sehen gewesen sein könnte. Wir erzählen, wie ein Kind von einem der gesehenen Gegenstände berichtet.
- Wir schildern den Tagesablauf des Kindes.

Geschichten für das 9./10. Schuljahr

Textgruppe »Wer bin ich?«

Die Frage nach der eigenen Identität beschäftigt Jugendliche im Alter von 14 bis 16 Jahren besonders stark; sie bildet deshalb das Thema für die erste Textgruppe im Band für das 9./10. Schuljahr. Die Textreihe beginnt mit der Selbstreflexion einer Fünfzehnjährigen, sie führt dann weiter bis zu Erfahrungen im Erwachsenenalter.

Renate Anders: Was ich fühle (S. 6)

Der authentische Text einer Fünfzehnjährigen zeigt in typischer Weise die innere Befindlichkeit eines heranwachsenden Menschen: Die zukunftsgerichtete, optimistische Vorstellung heldenhaften Verhaltens wechselt abrupt mit Resignation und dem Gefühl von Schwäche und Alleinsein. Der Wunsch, einen verstehenden Menschen zu finden, zugleich verbunden mit der Angst, die eigene Schwäche könnte erkannt werden, steht am Ende des Textes. Ein Unterrichtsgespräch könnte von der Frage ausgehen, ob die Schüler ähnliche Vorstellungen und Empfindungsschwankungen kennen. Vielleicht wird auch Kritik an der Lebenseinstellung und Selbsteinschätzung der Autorin geübt.

Vorschläge für Produktionsaufgaben
- Wir lesen bis zur Mitte des Textes (bis »aber dann, dann werde ich plötzlich...«) und schreiben selbst weiter.
- Wir schreiben einen Brief an die Verfasserin.
- Wir schreiben selbst einen Text, der mit »Manchmal...« beginnt.
- Wir schreiben einen Text zum Thema »Was ich in meinen Tagträumen Besonderes tun möchte«.

Die Schreibanregungen können zu sehr persönlichen Texten führen. Der Lehrer muß selber entscheiden, ob sie in der Klasse durchführbar sind. Wichtig ist, daß sich kein Schüler zur Selbstoffenbarung gezwungen sieht; der Schutz der persönlichen Sphäre muß, wo er gewünscht wird, gewährleistet sein. Die Produktionsaufgaben können im übrigen auch durch fiktive Texte erfüllt werden; so kann man etwa bei der Fortsetzung des Textes (1. Produktionsaufgabe) davon ausgehen, daß man nicht das schreibt, was man selber empfindet, sondern phantasiert, was wohl die Schreiberin weiter geschrieben haben könnte. Der Brief (2. Aufgabe) läßt sich aus der Perspektive einer übernommenen Rolle verfassen (z.B. einer Freundin der Verfasserin). Auch der freie Text mit dem Anfang »Manchmal...« kann als Rollentext gestaltet werden. Diese Möglichkeiten kann der Lehrer anregen, wenn er meint, daß es in der Klasse Vorbehalte gegenüber allzu persönlichen Schreibaufgaben gibt.

Margret Steenfatt: Im Spiegel (S. 7)

Das Problem der Auseinandersetzung mit der eigenen Identität erscheint in diesem Text in gesteigerter Form: Achim sieht sich von den Erwachsenen entwertet, als »Nichts« bezeichnet; auf den Spiegel malt er sich eine Maske, sozusagen ein zweites Ich, dann zerschlägt er den Spiegel. Indem er das Blut seiner Hand ableckt, verschmiert er sich sein Gesicht – nun trägt er selbst sozusagen eine Maske. Der Text enthält eine Reihe von Leerstellen, die u.U. das erste Verständnis etwas erschweren. Man kann sich im Gespräch überlegen, wer mit »sie« im zweiten Absatz gemeint sein könnte (z.B. die Eltern). Ebenso kann gefragt werden, wer »seine Leute« am Ende des Textes sein könnten. Die Frage, warum Achim den Spiegel zerschlägt, führt zur inhaltlichen Interpretation des Textes.

Vorschläge für Produktionsaufgaben

- Da die Gestik im Text eine wichtige Rolle spielt, bietet sich eine pantomimische Wiedergabe an, die allerdings, wenn die Schüler darin keine Übung haben, nicht leicht ist. Den Spiegel wird man natürlich nicht wirklich zerschlagen. Sinnvoll ist die Verwendung eines Kassettenrekorders, wobei nicht unbedingt ein Lied der »Dead Kennedies« gespielt werden muß. Die Umsetzung in eine Pantomime hält zum genauen Lesen des Textes an und kann zugleich zu einem vertiefenden Interpretationsgespräch führen, wenn man die einzelnen Bewegungen Achims zu deuten versucht (z.B.: Warum streichelt Achim sein Spiegelbild? Oder: Warum grinst er das gemalte Bild an, bevor er zum Blau greift?).
- Wir nehmen an, Achim hätte vor der Zertrümmerung des Spiegels zu seinem Spiegelbild gesprochen, und schreiben diesen Monolog auf.
- Wir entwerfen den Dialog derjenigen, die im ersten Satz mit »sie« bezeichnet sind (man wird dabei am ehesten an die Eltern denken).
- Wir stellen uns Achim in einer anderen Lebenssituation vor, z.B. wie er durch das Einkaufszentrum geht, wie er in der Disco steht, wie er sich in der Schule verhält, und schreiben einen Text dazu.
- Wir beschreiben Achim aus der Sicht einer anderen Person (z.B. aus der Sicht seiner Mutter, einer Freundin, des Hausmeisters).

- Wir schreiben einen Brief an Achim.
- Wir halten in einem Text die Gedanken fest, die uns durch den Kopf gehen, wenn wir uns im Spiegel betrachten.
- Wir schreiben ein Gedicht mit dem Titel »Masken«.
- Wir nehmen an, es sei dreißig Jahre später; Achim ist mittlerweile in gehobener Stellung. Einmal, als er den Spiegel sieht, erinnert er sich an die Episode in seiner Jugend. Was denkt er jetzt darüber? Wir verfassen dazu einen Text in frei gewählter Erzählform (Ich- oder Er-Form).

Gabriele Wohmann: Der Knurrhahn-Stil (S. 8)

Auch dieser Text führt die Tagtraumphantasien eines Jugendlichen im Kontrast zu seiner Auseinandersetzung mit der Umwelt vor. Wegen der ausgeprägt personalen Erzählweise ist es für den Leser nicht immer leicht, die Vorstellungswelt von Paul und das erzählte Geschehen auseinanderzuhalten. Der Anfang des dritten Absatzes z.B. (»Allergien sind gut. Paul hat einen Ausschlag, ...«) gibt wieder, was Paul den anderen vormacht; er hat nicht wirklich einen Ausschlag, sondern täuscht ihn vor. Ebenso ist es mit dem Beginn des fünften Absatzes: »Jetzt bekommt er immer schon am Sonntag Kopfweh, ...«. Die Erdrosselung Köhlers und der tödliche Wurf auf Friedrich sind Phantasievorstellungen Pauls. – Zur Sicherung des inhaltlichen Verständnisses empfiehlt sich im Unterricht wohl eine Inhaltszusammenfassung. Ansatzpunkt für ein Gespräch könnte die Frage sein, wie sich Erwachsene (Eltern und Lehrer) angemessen gegenüber Paul verhalten könnten.

Vorschläge für Produktionsaufgaben
- Wir setzen den Tagtraum, den sich Paul in seiner Bett-Höhle ausdenkt, fort, und zwar von der Stelle an, wo er sich vorstellt, daß er den Sportlehrer verletze (»...und auch der Sportlehrer, den die Verwundungen lebenslänglich verunstalten werden, muß das hinnehmen«, S. 12 oben).
- Wir schreiben eine Fortsetzung (im Original endet der Text mit Pauls Selbstmordphantasie; was könnte tatsächlich geschehen?).
- Wir überlegen uns, was die Mutter über ihren Sohn denken mag (im Text ist fast nur vom Vater die Rede), und schreiben die Gedanken der Mutter auf.
- Wir erfinden ein Gespräch zwischen Vater und Mutter über Paul.

Wolfgang Koeppen: Taugte Frieda wirklich nichts? (S. 14)

Der autobiographische Text von Wolfgang Koeppen handelt von einer ersten Liebeserfahrung eines elfjährigen Jungen. Die Erotik erscheint als etwas Fremdartiges, Verlockendes, das auch mit schlechtem Gewissen verbunden ist. Das Motiv der Abgrenzung von den Kameraden, der Einsamkeit und des eifersüchtigen Anspruchs auf das geliebte Mädchen verdeutlichen, daß es in der Geschichte um die Entwicklung von der Kindheit zur Jugend geht. Sie kann deshalb als Initiationsgeschichte bezeichnet werden. Neben diesem Entwicklungsthema ist die Beziehung des Mädchens Frieda zum Invaliden Lorkowski wichtig; auch da spielt die Frage nach dem geziemenden Verhalten eine Rolle. Wie ist die zärtliche Annäherung Lorkowskis an Frieda einzuschätzen, wie ist Friedas Verhalten zu beurteilen? Die Äußerung Frau Lorkowskis, die zugleich den letzten Satz des Textes bildet (»Sie sagte, die Frieda taugte nichts«), überantwortet die Frage dem Leser. Die Geltung von Frau Lorkowskis Äußerung wird eingeschränkt durch die Angabe im Text, daß Frau Lorkowski »ein hartes, böses Gesicht« gehabt habe. Darüber hinaus verweist der Schluß zurück auf den Titel der Geschichte, der die Frage nach der Einschätzung Friedas ausdrücklich stellt und eine Korrektur von Frau Lorkowskis Meinung nahelegt. Die Titelfrage kann Anlaß für ein Unterrichtsgespräch sein. Dabei wird man allerdings die Argumente nicht einfach dem Text entnehmen können, denn sehr viel erfährt man über Frieda nicht. Man wird sich also ein Bild machen müssen, in das auch eigene Vorstellungen einfließen.

Vorschläge für Produktionsaufgaben
- Wir nehmen an, der Junge habe Tagebuch geschrieben, und verfassen einzelne Tagebuchnotizen, in denen er von seinen Erlebnissen berichtet.
- Wir verfassen einen Brief, den Frieda an eine Freundin in Berlin geschrieben haben könnte. Der angenommene Zeitpunkt, zu dem Frieda den Brief geschrieben haben könnte (erster oder zweiter Aufenthalt), kann frei gewählt werden.
- Wir schreiben die Geschichte aus der Perspektive Friedas um, und zwar, entsprechend dem Originaltext, als Rückblick der erwachsenen Frieda auf die damaligen Erlebnisse. Man wird dabei zu unterschiedlichen Lösungen kommen, die auch in bezug auf die Titelfrage »Taugte Frieda wirklich nichts?« zu kontroversen Schlußfolgerungen führen können.

Margarete Kubelka: Wiederbegegnung im Feuer (S. 19)

Der vorliegende Text handelt zwar von einem erwachsenen Menschen, dadurch aber, daß sich dieser an seine Kindheit zurückerinnert, ergibt sich ein Anschluß an die vorangegangenen Texte mit den jugendlichen Protagonisten. Die Frage nach der eigenen Identität erscheint hier als das Problem der biographischen Selbstvergewisserung. Nur augenblickshaft erinnert sich der Protagonist in einer außergewöhnlichen

Situation — er trifft als Reporter auf das brennende Haus seiner Kindheit — an die Zeit, in der er Kind war. Verdrängung und auch Gleichgültigkeit kennzeichnen seine Einstellung zur eigenen Vergangenheit. Die Frage, warum Hanno Weber kein bewußtes Verhältnis zu seiner Kindheit hat, kann Einstieg in ein Interpretationsgespräch sein. Auch die Frage, ob die Schüler selbst sich gerne und bewußt an ihre Kindheit erinnern, kann ein Gesprächsanlaß sein; die Schüler der angesprochenen Altersstufe haben die eigentliche Kindheit schon hinter sich und stehen bald an der Schwelle des Erwachsenseins. Kontinuität und Brüche in der biographisch vermittelten Selbstfindung sind auch für sie schon gelebte Erfahrung.

Vorschläge für Produktionsaufgaben
- Ausgehend von Hannos Erinnerungen an den Dachboden, auf dem er sich früher versteckt und in eine mottenzerfressene Decke gehüllt hatte, malen wir uns aus, was Hans damals gedacht haben könnte. Im Text wird das Thema seiner Gedanken angesprochen: »Wenn ich von hier weg bin, werde ich eine helle Wolldecke haben und die Leute werden ‚Herr Weber' zu mir sagen.« (S. 21, 4. Abs.) Es geht also um die persönlichen Zukunftsvorstellungen. Man kann, wenn man will, den zitierten Satz aus dem Text als Anfangssatz nehmen.
- Wir denken uns aus, bei welcher Gelegenheit sich Hans zu seinem neuen Namen Hanno entschlossen hatte und welche Gedanken ihm dabei durch den Kopf gegangen sein mögen (vgl. S. 19, 1. Abs.: »Schluß mit den Hänsen, hatte der Hans gedacht, ...«).
- Im zweiten Absatz auf Seite 19 heißt es: «Hanno Weber registrierte diesen Auftrag mit Unbehagen.« Wir denken uns ein Selbstgespräch aus, das Hanno an dieser Stelle führen könnte. Wir beginnen mit »Eigentlich möchte ich das alte Haus gar nicht mehr sehen.«
- Wir denken uns ein Selbstgespräch aus, das Hanno nach dem Schreiben des Zeitungsartikels geführt haben könnte und in dem er über den Brand seines Hauses der Kindheit nachdenkt. Wir beginnen mit »Nun ist es verbrannt, das Haus meiner Kindheit...«.
- Wir betrachten unser eigenes Haus und versuchen die Gedanken, die uns zu den Fenstern einfallen, in Worte zu fassen.

Max Frisch: Freunde und Fremde (S. 22)

Der letzte Text der Textgruppe stellt keinen inhaltlichen Bezug zur Jugendzeit her (wenn man davon absieht, daß die drei Männer ehemalige Schulkameraden sind). Auch ist nicht mehr die Identitätsproblematik angesprochen, vielmehr geht es um das Verhältnis zu den Mitmenschen. Über ein gemeinsames intensives Erlebnis, die Besteigung eines Viertausenders, will der Protagonist seine ehemaligen Schulkameraden als Freunde gewinnen. Seine Erwartung, daß die beiden anderen von der Gipfelaussicht begeistert sein müssen, wird enttäuscht, ja, sie hindert geradezu die anderen, eine solche Empfindung zu haben. Der Text zeigt, daß man Gefühle anderer und Beziehungen nicht erzwingen kann. Durch sein Verhalten macht sich der Protagonist in der Dreiergruppe zum Ausgeschlossenen. Diese Problematik steht in enger Verbindung zum Hauptthema von Frischs Werk, das mit der Formel »du sollst dir kein Bildnis machen von anderen Menschen« charakterisiert werden kann. Der Ich-Erzähler im vorliegenden Text will die anderen nach seiner Vorstellung beeinflussen.

Vorschläge für Produktionsaufgaben
- Wir lesen die Geschichte bis zu der Stelle, wo auf dem Gipfel der Protagonist unterbrochen wird (»Du. Weißt du, Max: Hier ist dir eine Zahnplombe weg«, S. 23 Mitte), und schreiben selbst eine Fortsetzung.
- Wir lesen den Text bis zu der Stelle, wo die drei das Seil ablegen (bis zu »jeder denkt jetzt irgendwie über diesen Tag, indem er die Schlaufe von der Brust streift und sich aus dem Seil löst. Das ist zweifellos. Aber jeder denkt jetzt irgendetwas anderes. Und keiner von uns weiß mehr, was der andere denkt«, S. 24 oben), und schreiben auf, was jeder der drei gedacht haben könnte.
- Wir lesen den Text bis zum Satz »Es tut uns selber leid, Max« (S. 24) und denken uns das daran anschließende Gespräch aus.
- Wir schreiben die Gedanken auf, die dem Protagonisten durch den Kopf gehen könnten, als er ein Jahr später bei einer Tour dieselbe Hütte besucht und an demselben Tisch sitzt. Man kann auch alle drei Beteiligten am gleichen Ort aufeinandertreffen und die frühere Situation diskutieren lassen. Das Gespräch ließe sich auch spielen.

Textgruppe »Alltag«

Die Texte zeigen die alltägliche Lebenswelt von Erwachsenen, beginnend mit jungen Menschen und weiterführend bis zum fortgeschritten Alter. Sowohl Freizeit als auch Berufswelt sind berücksichtigt; ein besonderer Akzent liegt auf der Situation der Frau in unserer Gesellschaft.

Lutz Rathenow: Beide (S.26)

Die erzählte Situation dürfte Schülern, obschon die Hauptfiguren im Text etwas älter sind, ohne weiteres nachvollziehbar sein und u.U. eigene Erfahrungen widerspiegeln. Es bietet sich deshalb an, eigene Gesprächserfahrungen zum Thema zu machen (Kennt ihr ähnliche Situationen? Welche Gründe gibt es für inhaltsleere Gespräche?...). — Erzählstrukturell ist neben der auffälligen Verwendung von Wiederholungen und Parallelismen bei diesem Text vor allem der Wechsel von gesprochenem Dialog und Gedankendialog interessant: Auch wenn die beiden nicht miteinander sprechen, so sind ihre Gedanken doch aufeinander bezogen (man vergleiche vor allem den Anfang des Textes und die in der Mitte beginnende Passage). Wenn man berücksichtigt, daß der Text in der DDR geschrieben worden ist und Lutz Rathenow zu den unbequemen Autoren zählt, eröffnet sich auch eine politische Dimension. Gerade die individualistische und pessimistische Sicht, die im Text vermittelt wird, wirkt in einem Staat, der Optimismus verordnet, systemkritisch. Die Sätze gegen Schluß

»‚Frag nicht so viel.'
‚Ist doch nicht verboten.'
‚Hat aber keinen Zweck.'
‚Vielleicht doch.'«

erhalten in diesem Zusammenhang eine besondere Brisanz. Der Text sollte im Unterricht nicht nur auf Probleme in der DDR bezogen werden; aber eine Diskussion darüber, in welchem Licht er erscheint, wenn man den Bezug herstellt, dürfte interessant sein. Der Text von Lutz Rathenow wirkt übrigens wie eine erweiterte Fassung von Wolf Biermanns bekannter Buckower Ballade »Kleinstadtsonntag« (»Gehn wir mal hin?/Ja, wir gehn mal hin./Ist hier was los?/Nein, es ist nichts los./Herr Ober, ein Bier!/Leer ist es hier....«). Zu einem Vergleich könnte auch der Anfang von Eugène Ionescos »Kahle Sängerin« beigezogen werden.

Vorschläge für Produktionsaufgaben
- Wir lesen den Anfang des Textes bis zu »Ja, ziemlich leer« (S. 26 unten) und schreiben die Geschichte selber weiter.

- Ausgehend von der Stelle »Plötzlich bekommt er Lust, etwas zu machen« bzw. »Sie wünscht sich etwas Schönes, sehr Schönes, was sich niemand vorstellen kann, so schön soll es sein« (S. 29, unteres Drittel) führen wir die Phantasien von ihm bzw. ihr weiter aus (am besten in Ich-Form).
- Wir spielen einen Teil der Geschichte pantomimisch nach, ein Schüler liest dazu die entsprechende Textstelle vor.
- Wir verkürzen den Text auf eine halbe Seite.
- Wir unterstreichen ein paar Schlüsselwörter im Text und machen, ausgehend von ihnen, ein Gedicht. (Man kann dann anschließend Biermanns »Kleinstadtsonntag« beiziehen. Der Text ist in Biermanns Bändchen »Die Drahtharfe«, Berlin 1965, veröffentlicht.)

Silvio Blatter: Heinz L. (S. 31)

Man könnte Blatters Text als eine Verbindung von Wallraff und Bichsel bezeichnen; mit genauem Blick aufs Detail wird die Arbeits- und Lebenssituation eines Industriearbeiters wiedergegeben, ähnlich wie bei Günter Wallraff, aber ohne kapitalismuskritische Tendenz. Wohl aber wird, wie das bei Peter Bichsel der Fall ist, Nachdenklichkeit erzeugt. Ein Gespräch über den Text könnte ansetzen bei der Überlegung, ob man selber mit einer solchen Tätigkeit, wie sie im Text geschildert ist, zufrieden wäre.

Vorschläge für Produktionsaufgaben
- Wir beschreiben im Stil von Blatter die Arbeit und die Gedanken eines (fiktiven) Schülers.
- Wir malen uns selbst eine Arbeitsplatzsituation aus und beschreiben sie in Ich-Form (z.B. beginnend mit »Ich sitze jeden Tag...«). Man könnte auch konstrastiv eine erwünschte und eine nicht erwünschte Arbeitssituation gestalten.

Silvio Blatter: Fritz H. (S. 35)

Der Text bildet hier den Kontrapunkt zum vorhergehenden; Fritz H. ist mit seiner Fabrikarbeit nicht glücklich und kündigt seine Anstellung. Überlegungen zur Frage, warum Heinz L. und Fritz H. so unterschiedlich auf die Fabrikarbeit reagieren, könnten Inhalt eines Unterrichtsgesprächs sein.

Vorschläge für Produktionsaufgaben

Die zum ersten Text von Silvio Blatter genannten Anregungen können auch im Anschluß an diesen Text realisiert werden. Darüberhinaus wäre möglich:

- Wir schreiben Briefe in der Rolle fiktiver Personen; z.B. einen Brief von Fritz H. an einen Freund oder einen Brief des Vaters von Fritz an den Sohn oder einen Brief der Frau von Fritz an eine Freundin.

Heike Doutiné: Eine Frau wie Sie (S. 40)

Der Text von Heike Doutiné hebt die Chancenungleichheit für Frauen am Arbeitsmarkt kritisch ins Bewußtsein. In der Ausschreibungspraxis allerdings ist derzeit ein deutlich sichtbarer Wandel festzustellen; die Schülerinnen und Schüler (die Doppelform, auf die ich in diesem Lehrerkommentar in der Regel verzichte, sei hier gebraucht) können den Ausschreibungstext, den Heike Doutiné voranstellt, mit Beispielen aus einer Zeitung vergleichen.

Eine genaue Untersuchung sollte den Äußerungen Herrn Schneiders im Text gelten. Man kann sie, da die direkte Rede nicht gekennzeichnet ist, zunächst unterstreichen lassen. Dann sind die zum Ausdruck gebrachten sexistischen Vorurteile zu benennen. Gegenstand eines Unterrichtsgesprächs kann ferner die Frage sein, ob die Schülerinnen und Schüler selbst schon Ungleichbehandlungen von Mädchen und Jungen bzw. Frauen und Männern erfahren haben.

Vorschläge für Produktionsaufgaben
- Wir lesen den Anfang des Textes bis »Also erst einmal guten Tag« (S. 40, unteres Drittel) und schreiben als Fortsetzung den Dialog zwischen Frau Reiber und Herrn Schneider. Anschließend vergleichen wir mit dem Originaltext.
- Wir denken uns das Gespräch zwischen den beiden Männern, Herrn Schneider und Herrn Hermann, aus, das stattfinden könnte, nachdem die Bewerberin gegangen ist.
- Wir überlegen uns, wie ein Gespräch am Abend zwischen einem der Redakteure und seiner Ehefrau verlaufen könnte; Ausgangspunkt soll der Bericht des Ehemannes über die Bewerbung von Frau Reiber sein.
- Die oben angeregten Dialoge können auch gespielt werden.

Angelika Mechtel: Katrin (S. 43)

Während der Text von Heike Doutiné Probleme von Frauen in der Berufswelt beleuchtet, zeigt Angelika Mechtel die Situation einer Ehefrau und Mutter. Es kann sein, daß wegen der protokollartigen Erzählweise nicht allen Schülern die kritische Tendenz des Textes deutlich wird. In diesem Falle empfiehlt sich ein Unterrichtsgespräch ausgehend von dem Satz »Unsere Tochter habe ich zum Protest erzogen« (gegen Ende des Textes), in dem erörtert wird, wogegen sich der Protest richten könnte und mit welchen Teilen ihres Lebens die Frau nicht einverstanden ist (mit Verweis auf Textstellen). Auch die Frage, inwiefern eine andere Einstellung und ein anderes Verhalten eine Chance sein könnten (vgl. den letzten Satz des Textes), könnte Thema eines Unterrichtsgesprächs sein.

Vorschläge für Produktionsaufgaben
- Wir schreiben einen Gegentext, beginnend mit »Ich habe unsere Kinder geboren. Ich habe mich nicht eingeordnet...«.
- Wir schreiben einen Text über die Tochter; wir beginnen mit »Sie trafen sich immer um halb fünf im Parkcafé...«
- Wir schreiben aus der Sicht des Mannes über Katrin (man könnte z.B. beginnen mit »Sie hat mir meine Kinder geboren. Sie ist eine besorgte Mutter gewesen...«). Dabei sollte nicht mechanisch übertragen, sondern überlegt werden, welches Bild der Mann von seiner Frau hat und was er überhaupt von ihren Empfindungen und Gedanken weiß.
- Wir schreiben aus der Sicht des Mannes, wie er seine Ehe erlebt. Wir beginnen mit »Ich habe...«.
- Wir lassen uns von der formalen Gestaltung des Textes anregen und schreiben selbst einen Text, bei dem die Absätze immer wieder mit »Ich habe...« beginnen. (Der Inhalt ist völlig frei.)

Brigitte Prettner: Der Brief   (S. 45)

Der Text ist, was die angesprochene Problematik betrifft, dem vorhergehenden ähnlich. Die Ausdrucksweise ist wieder geprägt von einer impliziten Kritik. Im Unterrichtsgespräch könnte man erörtern, welcher Text einem gelungener erscheint.

Vorschläge für Produktionsaufgaben
- Wir schreiben den angesprochenen Brief der Frau. Die geschriebenen Briefe werden eingesammelt und dann wieder ausgeteilt; jeder verfaßt nun eine Antwort des Mannes.
- Wir schreiben auf, wie wir uns selbst unser Erwachsenenleben wünschen (Aufgabe für die Schülerinnen) bzw. welche Rolle wir uns für unsere Lebenspartnerin vorstellen (Aufgabe für die Schüler).

Jürg Amann: Zu spät   (S. 48)

Der Text zeigt die Situation eines einsamen Mannes; die Gründe für das Alleinsein werden nur angedeutet, so daß man sich die biographischen Zusammenhänge selbst ausmalen kann.

Vorschläge für Produktionsaufgaben
- Wir erzählen eine frühere Episode aus dem Leben des Protagonisten.
- Wir stellen uns vor, wir seien eine Bekannte oder ein Bekannter (oder eine Verwandte/ein Verwandter) des Protagonisten, und schreiben ihm einen Brief. Die geschriebenen Briefe werden ausgetauscht, jeweils ein anderer schreibt in der Rolle des Angeschriebenen einen Antwortbrief.
- In entsprechender Weise kann verfahren werden, wenn man annimmt, Bekannte oder Verwandte schrieben an andere Bekannte oder Verwandte über den Protagonisten.

Jürg Amann: Altes Paar   (S. 49)

Dieser Text zeigt das Verhalten eines, im Gegensatz zum vorigen Text, unfreiwillig vereinsamten alten Menschen. Nicht einfach nur Mitleid soll durch Lektüre und Beschäftigung mit dem Text im Unterricht entstehen, sondern eine verstehende Vergegenwärtigung der Situation des Witwers.

Vorschläge für Produktionsaufgaben
- Wir nehmen an, der alte Mann spreche beim Gehen zu sich selbst. Wir schreiben seinen Monolog auf.
- Wir schreiben in der Rolle eines Verwandten oder Bekannten einen Brief an den Mann. Der erste Satz könnte z.B. lauten: »Erst heute hab ich gehört, daß Deine Frau gestorben ist.« Ein anderer schreibt einen Antwortbrief des Mannes.

Heinrich Wiesner: Nichts   (S. 49)

Die Kürzestgeschichte von Wiesner lebt von dem Paradox, daß das, was die alte Frau als »Nichts« bezeichnet, uns viel erscheint. Wenn der Sinn des Textes im Unterrichtsgespräch erörtert werden soll, bietet sich der Titel als Ausgangspunkt an: Warum hat Wiesner seine Geschichte mit »Nichts« überschrieben?

Vorschläge für Produktionsaufgaben
- Wir stellen uns die alte Frau vor und verfassen eine Personenbeschreibung.
- Wir machen ein Schreibspiel, dem wir die formale Struktur von Wiesners Text zugrunde legen. Der erste Schreiber wandelt den ersten Satz (bis zum Doppelpunkt) ab, z.B. so: »Danach befragt, was er als Lottogewinner machen würde, antwortet der Lehrer:...«. Das Blatt geht nun weiter, ein anderer schreibt die darauf folgende direkte Rede.

Textgruppe »Menschen nicht (?) wie du und ich«

Die Textgruppe macht mit Menschen bekannt, die ungewöhnlich sind oder ein ungewöhnliches Schicksal haben. Der Leser wird so angehalten, sich mit fremden Erfahrungsweisen auseinanderzusetzen. Aber sicher wird er da und dort auch Eigenes wiederfinden, Befürchtetes, Erwünschtes, Verdrängtes.

Jürg Federspiel: Schweizer, einem Mißgeschick zuschauend (S. 50)

Der Text lebt vom Gegensatz zwischen dem Mann, der unbeirrt immer wieder neu sein Wägelchen mit dem Umzugsgut zu laden versucht, und den Umstehenden, die belustigt, neugierig oder auch mißbilligend dem Geschehen zuschauen. Der Titel hebt das Verhalten der Zuschauenden hervor. Da schwingt ein leicht kritischer Unterton mit, der auch manche Nebenbemerkung im Text (z.B. zur Ausländerproblematik) bestimmt. Im Unterricht wird man sich wohl vor allem mit dem befremdlichen Mann beschäftigen.

Vorschläge für Produktionsaufgaben

- Wir lesen den Text bis zu dem Satz »Offenbar sind die Stühle heruntergefallen, jetzt, als ich näherkomme, ist der Mann damit beschäftigt, sie wieder an ihrem Ort zu befestigen« (S. 50 unten) und schreiben die Geschichte selber weiter.
- Wir schreiben die Geschichte aus veränderter Erzählperspektive um, und zwar entweder beginnend mit dem Satz
    »Was lachen die denn, stehend auf dem Trottoir, der Traminsel, ja sogar auf den Schienen?« (Ich-Perspektive)
  oder beginnend mit
    »Ludovico, so wollen wir den Mann nennen, von dem diese Geschichte erzählt, Ludovico zog um« (auktoriale Erzählhaltung).
  Originaltext und die selber geschriebenen Texte werden im Hinblick auf die Ausdrucksmöglichkeiten der verschiedenen perspektivischen Gestaltungen untersucht. Das kann übrigens auch geschehen, wenn nur ein Teil der Geschichte in eine veränderte Perspektive umgesetzt wird.
- Wir schildern die Szene aus der Perspektive verschiedener Beobachter, z.B. aus der Perspektive eines Kindes, einer behinderten alten Frau oder eines Polizisten.

Robert Walser: Basta (S. 53)

Wie bei vielen Texten von Robert Walser ist der Leser auch bei »Basta« verunsichert, wenn er die Intention des Autors genau bestimmen will. Handelt es sich um eine kritische Satire auf den Spießbürger oder eher um ein amüsiertes Sprachspiel, grenzt sich Walser von dem Ich-Erzähler ab oder verbindet ihn eine geheime Sympathie mit ihm? Im Unterricht wird sicher und zu Recht die Kritik an der spießbürgerlichen Einstellung des Protagonisten im Vordergrund stehen. Ein Unterrichtsgespräch könnte von der Frage ausgehen, ob der Ich-Erzähler des Textes auch in den Augen der Schüler ein »guter Bürger« ist. Dabei muß man in Rechnung stellen, daß schon das Wort »guter Bürger« mancherlei Bedeutungen haben kann.

Vorschläge für Produktionsaufgaben

- Wir rezitieren den Text mit mehreren Sprechern. Dazu muß zuerst festgelegt werden, welche Sätze/Satzteile welchem Sprecher zugeordnet werden (z.B. empfiehlt es sich, die jeweils wortgleichen Aussagen vom gleichen Sprecher sprechen zu lassen). Durch die Rezitation wird der fast musikalische Charakter des Textes deutlich.
- Wir formulieren den Text um mit dem Ziel, einen anderen Menschentypen zu charakterisieren. Man kann z.B. beginnen mit »Ich kam, ich weiß nicht wann, zur Welt, wurde hier und dort erzogen, ging nie ordentlich zur Schule...«.

Ben Witter: Ernst H. Müller und Schluß (S. 56)
Todessturz (S. 58)

Die Kurzgeschichte von Ben Witter könnte die literarische Ausgestaltung der über zehn Jahre später erschienenen abgedruckten Zeitungsnotiz sein. Durch einen Vergleich der beiden Texte kann man die Charakteristika von Nachrichten und literarischer Erzählprosa herausarbeiten. Interessant ist dabei vor allem die Leistung der perspektivischen Darstellungsweise im literarischen Text; der Erzähler kann sich die Freiheit nehmen, Gedanken und Empfindungen des Protagonisten, die einem Außenstehenden eigentlich nicht zugänglich sind, zum Ausdruck zu bringen. Sprachliche Mittel wie innerer Monolog und erlebte Rede dienen der Wiedergabe solcher Innenperspektiven.

Vorschläge für Produktionsaufgaben

- Wir lesen den Text kurz bis zum Ende des dritten Absatzes auf Seite 57 (»und in den Mantel rollte er sich und hielt die Flasche fest«) und schreiben die Geschichte selber weiter.

- Wir schreiben eine Vorgeschichte zum Text (z.B. wie Ernst H. Müller zum Obdachlosen geworden ist).
- Wir schreiben über Ernst H. Müller aus der Perspektive seiner Frau (vgl. den vierten Abschnitt auf Seite 57, der beginnt mit »Ob er träumte?«).
- Wir nehmen an, ein Mitpatient im Krankenhaus erzähle über Ernst H. Müller. Wir schreiben seine Ausführungen auf.
- Wir lesen zunächst nur die Zeitungsnachricht und versuchen, aus dem Stoff eine Kurzgeschichte zu machen.
- Wir suchen uns, nach der Lektüre der Kurzgeschichte von Ben Witter und der Zeitungsmeldung, selbst eine Meldung aus einer Zeitung heraus und schreiben dazu eine Kurzgeschichte.

Daniel Grolle: Ehrensache (S. 59)

Der Text, der wohl auf ein tatsächliches Erlebnis des Autors zurückgeht, zeigt an einem extremen Beispiel, wie alte Menschen an den Rand der Gesellschaft gedrückt werden können, und beleuchtet mit bitterster Ironie die Hilflosigkeit und Gleichgültigkeit der staatlichen Bürokratie. Fast albtraumhaft wirkt die Erscheinung der alten Frau, auf die die abblätternde Farbe herunterfällt und das Wasser tropft. Im Unterrichtsgespräch könnte man sich überlegen, woher die Gleichgültigkeit des Mannes gegenüber seiner Frau rühren mag (vgl. »,Sollten wir nicht mal Ihre Frau in einen trockenen Stuhl bringen?' brüllte ich. ,Ja, ja, das dann', antwortet er und tut nichts.«, S. 61 Mitte).

Vorschläge für Produktionsaufgaben

- Wir lassen den Sozialarbeiter (Ich-Erzähler) das Erlebte in einer anderen Textsorte und Ausdrucksform wiedergeben, z.B. als Brief an einen nahen Freund oder an einen Kommunalpolitiker oder als Zeitungsartikel.
- Wir erzählen, wie der »hohe Beamte der Sozialbehörde« (s. Mitte des Textes) am 90. Geburtstag zu Herrn Walle kommt.
- Wir versetzen uns in Herrn Walle und lassen ihn über sein Leben erzählen (als inneren Monolog).

Rolf Haufs: Er (S. 62)

Der Text erinnert inhaltlich und sprachlich stark an die Kurzprosa von Franz Kafka. Die strenge Beschränkung auf die erzählte Situation und die Perspektive des Protagonisten überläßt es dem Leser, sich weitere Zusammenhänge vorzustellen.

Vorschläge für Produktionsaufgaben
- Wir lassen den Protagonisten selbst sprechen: »Jetzt höre ich wieder die Schritte...«
- Wir schreiben über den Protagonisten aus der Perspektive eines anderen Hausbewohners.
- Wir nehmen an, es klingle an der Türe. Was wird nun geschehen? Wir schreiben die Geschichte unter dieser Vorgabe weiter. Dabei können wir uns auf die Gedanken konzentrieren, die dem Protagonisten nach dem Klingeln durch den Kopf gehen, wir können aber auch aus der Perspektive des Besuchers schreiben (z.B. eines Hausbewohners). Ob der Protagonist die Türe öffnet oder nicht, ist unserer Entscheidung überlassen.
- Wir denken über die Biographie des Protagonisten nach. Welche Erfahrungen könnten dazu beigetragen haben, daß er sich heute so verhält? Wir erzählen eine oder mehrere Begebenheiten aus seinem Leben.
- Wir unterstreichen einige Wörter im Text, die uns wichtig erscheinen, und formulieren mit ihnen ein Gedicht (es können dazu zusätzliche Wörter/Formulierungen ausgedacht werden).
- Wir schreiben eine Kriminalgeschichte, in der die von Haufs erzählte Situation vorkommen könnte.

Wolfdietrich Schnurre: Beste Geschichte meines Lebens (S. 63)

Der Text ist als Inhaltsangabe einer Kurzgeschichte gestaltet; er wirkt aber gerade in seiner lapidaren Kürze besonders intensiv. Die in der Produktionsaufgabe vorgeschlagene Erweiterung des Textes nimmt etwas von dieser Wirkung, ist aber durch den Text insofern legitimiert, als in ihm auf eine etwa anderthalbseitige Vorlage verwiesen wird. Im Unterrichtsgespräch könnte man erörtern, warum Schnurre die Geschichte als »Beste Geschichte seines Lebens« bezeichnet.

Vorschläge für Produktionsaufgaben
- Wir erweitern Schnurres Inhaltsangabe zu einer Kurzgeschichte. Dabei können verschiedene Erzählformen gewählt werden, z.B. Ich-Erzählung des einen Patienten aus der Rückschau oder linear fortlaufend aus der Perspektive eines Erzählers u.a. Vorbereitend kann über verschiedene Möglichkeiten der perspektivischen Gestaltung, des Erzähltempus (Präteritum, Perfekt, Präsens), des Einsatzes (unvermittelt, mit orientierender Hinführung, Beginn bei einem späteren Zeitpunkt des Geschehens und entsprechend mit Rückblick) gesprochen werden; dabei kann man gemeinsam schon mögliche Anfangssätze formulieren, z.B.: »Da liege ich nun schon sechs Wochen in diesem verdammten Bett,

ohne Aussicht, an das Fenster zu kommen...«, »Das war die Chance. Nein, die Schwester rief er nicht. Er dachte an die vielen Wochen...« usw.
- Entsprechend dem Vorgehen von Schnurre suchen wir uns Kurzgeschichten, die wir zu einer knappen Inhaltsangabe verkürzen. Aufgrund der Inhaltsangabe schreibt ein anderer, der die entsprechende Kurzgeschichte nicht kennt, einen längeren Text.

Kurt Marti: Flörli Ris (S. 63)

Die Kurzgeschichte von Kurt Marti veranschaulicht ein Grundphänomen unserer Personenwahrnehmung: Wenn ein Mensch gestorben ist, macht man sich ein Bild von ihm, denkt über ihn nach, versucht sich vorzustellen, wie er war. Oft ist es fast, als wollte man die versäumten Gelegenheiten der Personenwahrnehmung nachholen in dem Augenblick, wo ein Mensch nicht mehr als Lebendiger da ist. So denkt der Erzähler in Martis Text über Flörli Ris nach, die in den Freitod gegangen ist. Mögliche Gründe, die Flörli Ris zu diesem Entschluß gebracht haben, können im Unterrichtsgespräch erörtert werden.

Vorschläge für Produktionsaufgaben
- Wir schreiben auf, was den Trauergästen bei der Beerdigung zu Flörli Ris durch den Kopf geht. Jeder wählt sich frei eine mögliche Figur, z.B. einen Arbeitskollegen, eine Nachbarin, einen früheren Freund usw. Die Texte werden in Ich-Form geschrieben. Es entsteht so ein aspektreiches Bild von Flörli Ris aus unterschiedlichen Perspektiven.
- Wir stellen uns vor, Flörli Ris habe am Abend vor ihrem Freitod ins Tagebuch geschrieben, und verfassen entsprechende Notizen.

Hilde Spiel: Der Andere (S. 68)

Dieser letzte Text der Textgruppe stellt höhere Anforderungen an das Verständnis, denn er entfaltet eine komplexe psychische Situation. Für Flamm ist seine Frau attraktiv, weil früher ein Künstler sie geliebt hatte. Als dieser Liebhaber plötzlich auftaucht, droht dieser »Glanz« zu erlöschen: Der »Künstler« wirkt schmächtig und armselig. So verleugnet die Frau ihren Liebhaber, ihr Mann spielt das Spiel der Täuschung mit, um wenigstens noch einen »kleinen Glanz zu retten«. Man wird im Unterricht die inhaltlichen Zusammenhänge mit den Schülern wohl klären müssen. Dabei kann man sich auch darüber unterhalten, ob es für Frau und Herrn Flamm keine Möglichkeit gibt, ihre Ehe ohne Erinnerung an den ehemaligen Liebhaber lebendig zu erhalten. Es lassen sich dazu sicher unterschiedliche Standpunkte vertreten.

Vorschläge für Produktionsaufgaben
- Wir lesen die Geschichte bis zur Frage der Frau »Was glaubst du, wer das war?« (S. 70 unten) und schreiben selbst einen Schluß.
- Wir lesen die Geschichte noch etwas weiter, bis zu dem Satz der Frau »Du hast doch nicht gemeint, es ist der —« (S. 70) und setzen die Geschichte so fort, daß die Perspektive des Mannes deutlich wird (am besten Ich-Form aus der Perspektive des Mannes).
- Wir schreiben in Ich-Form die Gedanken auf, die der Frau bei der Begegnung mit dem »Anderen« durch den Kopf gehen.
- Wir nehmen an, »der Andere« schreibe nach dem Treffen einen Brief an die Frau, und schreiben diesen Brief. Wenn man will, kann man fortfahren und die Briefe austauschen, so daß jeweils ein anderer Schreiber einen Antwortbrief der Frau verfaßt.
- Wir nehmen an, der Frau ginge nach dem Treffen plötzlich auf, daß ihre Ehe auf eine Lebenslüge gebaut sei, und sie fasse den Entschluß, ihren Mann zu verlassen. Wir schreiben den Abschiedsbrief der Frau. Diese Produktionsaufgabe hält dazu an, intensiver über die Beziehung zwischen den Eheleuten nachzudenken.
- Wem es nicht plausibel erscheint, daß die Frau ihren Mann verläßt, stellt sich vor, die Frau führe am folgenden Tag eine Aussprache herbei, indem sie die Identität des »Anderen« preisgibt. Wie könnte das Gespräch zwischen den Ehepartnern nun verlaufen? Eröffnet es eine neue Perspektive für die Ehe? Wir schreiben das Gespräch auf.

Textgruppe »Grenzerfahrungen«

Die Textgruppe schließt an die vorhergehende an, indem sie mit Menschen in extremen Lebenssituationen bekannt macht (tödliche Krankheit, Krieg, Verfolgung, Alptraum vom Ausgestoßenwerden). Allerdings stehen hier nicht so sehr die Personen mit ihrem Charakter, sondern die jeweiligen Lebens- und Leidenserfahrungen im Vordergrund.

Marlen Haushofer: Die Ratte (S. 72)

Schonungslos und hart vergegenwärtigt der Text die Erfahrung einer tödlich krebskranken Frau. Schmerzen, Todeswunsch und die lügende Rücksichtnahme der Mitmenschen sind intensiv zum Ausdruck gebracht. Die Erinnerung an eine Jugendszene, Sprünge in Heuberge, kontrastieren mit der Trostlosigkeit des Krankenlagers. Wenn den Schülern das Verständnis des Textes schwerfällt, kann man sich z.B. mit folgenden Interpretationsfragen vorsichtig dem Text nähern: Wie läßt sich das Verhältnis der Frau zu ihrem Mann charakterisieren? Welche Bedeutung hat die Jugenderinnerung, das Spiel auf dem Heuboden? Was bedeutet der Titel des Textes? (Er symbolisiert die Schmerzen und den Krebstod, vgl. die einschlägigen Textstellen.) Warum erscheint der Protagonistin ihr Tod als Ratte?

Vorschläge für Produktionsaufgaben
- Wir schreiben die Geschichte weiter (bis zum Tod der Hauptfigur).
- Wir schreiben einen Brief, den der Mann an eine Schwester der Frau schreiben könnte. Darin könnte die Hilflosigkeit zum Ausdruck kommen, die einen im Umgang mit Todkranken immer wieder befällt. Aber es kann dem Mann natürlich auch eine andere Einstellung zugeschrieben werden.
- Wir erfinden einen Traum, den die Kranke geträumt haben könnte (das kann ein Gegenbild zur Krankheitserfahrung sein oder alptraumhafter Ausdruck des Leidens).

Wolfdietrich Schnurre: Auf der Flucht (S. 77)

Durch seine kühle, scheinbar emotionslose Ausdrucksweise wirkt der Text besonders erschütternd. Man kann mit den Schülern die sprachliche Gestaltung analysieren, wobei die Stilmerkmale nicht einfach nur festgestellt, sondern auf ihre funktionale Bedeutung für den Gehalt und die Wirkung des Textes befragt werden sollen (die Knappheit der Sprache wirkt z.B. so, als wenn das bedrückende und ausweglose Geschehen dem Erzähler die Sprache verschlagen habe).

Vorschläge für Produktionsaufgaben
Eine kreative Arbeit mit diesem Text ist schwierig, weil die dargestellte Situation weit von der Erfahrungswelt der Schüler entfernt ist und sein Ernst ein spielerisch-unverbindliches Umgehen verbietet. Am ehesten bietet sich eine Umgestaltung aus dem Rückblick dar, so daß eine gewisse Distanz zum Geschehen gewahrt bleibt:
- Wir nehmen an, der Mann schreibe viele Jahre später einem Freund über den Tod seines Kindes. Im gleichen Sinne kann man die Frau über das Geschehen berichten lassen.

Rolf Schneider: Schmetterlinge (S. 81)

Der Text ist in einem ungewöhnlichen, fast irritierenden Erzählstil, der an jüdische Traditionen erinnert, geschrieben. Fast spielerisch leicht wird über das schreckliche Geschehen der Judenverfolgung berichtet;

aber gerade die Verweigerung von Pathos läßt das menschliche Verhalten des Protagonisten hervortreten, der sozusagen gegen alle Vernunft einen verwundeten Deutschen rettet. Für das Verständnis des Textes muß u.U. kurz über die Judenverfolgung gesprochen werden.

Vorschläge für Produktionsaufgaben
- Wir halten während der Lektüre an einzelnen Stellen ein und schreiben selbst den jeweiligen Satz zu Ende. Solche Stellen sind: im Abschnitt 2 gegen Ende »und Moische begriff,...« (S. 82); oder im Abschnitt 3, Anfang des letzten Satzes »Und er dachte darüber nach, daß...« (S. 83); oder im Abschnitt 4, wiederum im letzten Satz »Und Moische dachte nach und wußte jetzt, daß...« (S. 83); oder im letzten Satz des 5. Abschnittes »und er dachte darüber nach, daß...« (S. 84).
- Wir lesen bis zum zweitletzten Absatz des Abschnittes 7 (bis »und war nicht mehr bei Bewußtsein«, S. 85) und schreiben selbst einen Schluß der Geschichte. Dieser Schluß soll in Verbindung mit der Provokation durch den Dibbuk stehen.
- Wir malen Schmetterlinge, und zwar einerseits so, wie Moische Nachman sie im Lager gemalt haben mag, und andererseits so, wie er sie später malt (vgl. Abschnitt 6 und Abschnitt 8).

Anna Gabrisch: Traum von einer Art von Sterben (S. 86)

Der Traumtext von Anna Gabrisch tendiert zum Phantastischen, er erscheint wie eine düstere Endzeitvision. Die Verätzung und Verbrennung der Hauptfigur, die in den giftigen Schmutz gefallen ist, wirkt wie der Albtraum eines Menschen in einer tiefen Krise. Man wird den Text nicht einfach entschlüsseln können, gerade seine dunkle Rätselhaftigkeit ist Teil seiner intensiven Wirkung. Sicher wird man bei der Lektüre an die drohende Verseuchung der Erde denken. Es bietet sich ein Unterrichtsgespräch über mögliche Sinndimensionen des Textes an.

Vorschläge für Produktionsaufgaben
- Wir lesen den Anfang der Geschichte bis zu »Dann schrien sie: ‚Schnell! Schnell heraus!'« und schreiben selber weiter.
- Wir lesen die Geschichte bis kurz vor dem Schluß (bis zu »‚Damit!' sagte der Junge, der neben ihr gegangen war, und...«, S. 89) und schreiben selbst einen Schluß.
- Wir überlegen uns, was für eine Person diesen ›Traum von einer Art von Sterben‹ geträumt haben könnte, und verfassen einen Monolog dieser Person, in dem z.B. ihre Lebensumstände, Ängste, Probleme zum Ausdruck kommen können.

- Wir greifen aus dem Text einige Wörter und Sätze heraus und gestalten ein Gedicht (dabei sind wir frei, unsere Phantasie sich weiterentwickeln zu lassen und entsprechend das Gedicht zu gestalten).
- Wir erzählen einen (erfundenen oder selbstgeträumten) Angsttraum.

Textgruppe »Vergnügliches und Verwirrendes«

Die Textgruppe vereinigt amüsante und phantastische Geschichten, die vor allem zum spielerischen Umgang anregen. Es fehlen allerdings auch nicht die kritischen Töne, mit den letzten Texten ist z.B. die Frage der Fortentwicklung der menschlichen Zivilisation angesprochen.

Meinrad Inglin: Begräbnis eines Schirmflickers   (S. 90)

Die schwankhafte Erzählung bereitet vor allem Lesevergnügen. In der Art und Weise, wie der Landstreicher die Repräsentanten der Gesellschaft an der Nase herumführt, steckt allerdings auch ein Stück Obrigkeitskritik.

Vorschläge für Produktionsaufgaben
- Wir erzählen, wie der Hinterauer Gemeindepräsident im Pfarrhaus den versiegelten »Geldbrief« öffnet (vgl. den letzten Absatz des Textes, S. 96).
- Wir formen den Text in ein Spiel um und führen es auf. Da es nicht ganz einfach ist, eine Geschichte, in der ein Toter im Mittelpunkt steht, zur Darstellung zu bringen, wird man sich überlegen müssen, welche verfremdenden Stilisierungen eingebaut werden können. Eine rein naturalistische Darstellung dürfte kaum angebracht sein.

Hans Carl Artmann: Ein Doppelleben   (S. 96)

Es gibt wohl keinen deutschsprachigen Gegenwartsautor, der mit so vielen Ausdrucksmöglichkeiten spielt, wie Hans Carl Artmann. Der vorliegende Text gibt davon eine Kostprobe, ja, er hat den spielerischen, ja geradezu unseriösen Umgang mit der Sprache zum Thema. Nicht einmal die moralisierende Warnung des Erzählers am Schluß kann vom Leser so recht ernst genommen werden. So kann denn die dem Text angemessene Lesehaltung nur darin bestehen, sich auf das Spiel einzulassen.

Vorschläge für Produktionsaufgaben
- Wir machen ein Schreibspiel zur Geschichte: Jeder verfaßt einen Brief von Schaffranek, dann werden die Briefe ausgetauscht, und jeder verfaßt eine Antwort. Man kann, wenn man will, das Spiel noch weitertreiben und Schaffranek wieder antworten lassen.
- Wir nehmen an, Frau Schröckenwald hätte auf eine Annonce von Schaffranek geantwortet. Was geschieht nun?
- Wir erzählen, wie die Polizei hinter Schaffraneks Treiben kommt (vgl. letzten Satz des Textes).
- Wir nehmen an, Schaffranek schriebe nach der Entdeckung seines Tuns ein Geständnis, in dem er auch über die Gründe seines Verhaltens Auskunft gibt.
- Wir stellen uns vor, was Frau Schröckenwald nach der Aufdeckung von Schaffraneks Tun gesagt haben könnte (Text in Ich-Form, z.B. beginnend mit »So ein Skandal, und ausgerechnet in meiner Wohnung...«).

Herbert Heckmann: Hans im Glück (S. 99)

Wie viele »moderne Märchen« ist der Text eine Satire auf die moderne Welt. Angebracht ist ein Vergleich mit dem gleichnamigen Volksmärchen, denn Heckmanns Text lebt vom Kontrast. Während der Hans im Volksmärchen übers Ohr gehauen wird, fällt dem Hans im modernen Märchen jeder Erfolg zu, obschon er ebenso unbedarft ist. – Für ein Unterrichtsgespräch bietet sich ferner die Frage an, ob man Hans wirklich glücklich nennen kann.

Vorschläge für Produktionsaufgaben
- Wir lassen Hans sein Leben erzählen.
- Wir verfassen eine Grabrede über Hans oder einen Nachruf auf ihn, ausgehend von der Annahme, auch diesen Glücksmenschen habe der Tod ereilt.
- Wir suchen uns ein anderes Volksmärchen aus und transformieren es in ein modernes Märchen (z.B. »Aschenputtel« oder »Das tapfere Schneiderlein«. Zu überlegen ist, welche Rolle die Hauptfigur in der gegenwärtigen Welt spielen könnte).
- Wir schreiben ein modernes Märchen mit dem Titel »Peter Pechvogel«.

Irmtraud Morgner: Sendung (S. 101)

Die Geschichte vom König, der als Sendung für den Tierpark auf dem Flugplatz in Ostberlin eintrifft, lebt vom Mißverhältnis zwischen dem Repräsentanten einer vergangenen Welt und der Gegenwart.

Vorschläge für Produktionsaufgaben
- Wir denken uns andere ungewöhnliche Sendungen für den Zoo aus, z.B. einen Schrankenwärter, der wegen der Elektrifizierung der Bahnschranken nicht mehr gebraucht wird, oder einen Nachtwächter oder einen Minnesänger. Es soll sich dabei um Inhaber gesellschaftlicher Rollen handeln, die es heute nicht mehr gibt oder die im Verschwinden sind. Wir schreiben eine Geschichte darüber, was mit der entsprechenden Sendung geschieht.
- Wir verfassen einen Zeitungsartikel über den zugesandten König.

Thomas Bernhard: Umgekehrt   (S. 104)

Im Text von Thomas Bernhard löst eine plötzliche Rollenverkehrung – die Affen wollen die Zoobesucher füttern – bei den Beteiligten ein Erschrecken aus. Man kann sich im Unterricht darüber unterhalten, warum dieses Verhalten der Affen so erschreckend wirken mag. Man wird z.B. darauf verweisen, daß sich die Besucher durch die Verkehrung in ihrer Identität als Menschen irritiert sehen.

Vorschläge für Produktionsaufgaben
- Wir denken uns andere Situationen von unerwarteten, den gewohnten Ablauf verkehrenden Verhaltensweisen aus, und erzählen dazu eine Geschichte. Es darf sich dabei auch um phantastische Geschichten handeln, die nicht wirklich möglich sind.

Ralf Thenior: Der Fall   (S. 104)

Auch dieser Text zeigt eine Situation, in der der gewohnte Ablauf des alltäglichen Lebens plötzlich unterbrochen wird.

Vorschläge für Produktionsaufgaben
- Wir erzählen die Geschichte ausführlicher nach, indem wir auch etwas über die Empfindungen des Mannes sagen (in Er- oder Ich-Form).
- Wir denken uns eine andere Geschichte aus, in der etwas plötzlich ganz anders als erwartet funktioniert (Anregungen dafür können u.U. Fernsehsendungen wie »Verstehen Sie Spaß?« geben).

Marie Luise Kaschnitz: Zu Hause   (S. 105)

Der Text von Marie Luise Kaschnitz ist eine kurzgefaßte negative Utopie, die die Lebensverhältnisse in einer möglichen zukünftigen Welt zeigt.

Vorschläge für Produktionsaufgaben
- Wir schreiben auf, was im Fernsehprogramm als »Nachrichten von dort« (vgl. den zweitletzten Satz des Textes) berichtet werden könnte. Oder wir produzieren mit Video eine Nachrichtensendung »von dort«.
- Wir schildern, was die Bewohner der Weltraumstation nach ihrer Rückkehr »zu Hause« von ihrem Besuch auf der Erde erzählen.
- Wir verfassen ein Tagebuch eines Bewohners der Weltraumstation.
- Wir inszenieren einen Briefwechsel zwischen einem Jugendlichen, der in der Weltraumstation lebt, und einem Jugendlichen auf der Erde (zwei Schreibende, die je eine Rolle übernehmen).

Wolfgang Bächler: Stadtbesetzung (S. 106)

Bächlers Text ist eine phantastische Utopie: Wälder erobern die zivilisierte Stadtwelt zurück.

Vorschläge für Produktionsaufgaben
- Wir lesen nur den letzten Absatz und denken uns die dazugehörige Geschichte aus.
- Wir gestalten die Geschichte als Ich-Erzählung um; wir könnten z.B. so anfangen: »Als ich am Sonntag wieder meinen gewohnten Spaziergang zum nahen Stadtwald machte, kam es mir plötzlich so vor, als habe sich die Waldfläche innerhalb einer Woche ein ganzes Stück vergrößert...«.
- Wir schreiben die Geschichte aus der Perspektive der Bäume in Wir-Form; der Anfang könnte z.B. lauten: »Wir hatten endlich genug davon, daß sich die Stadt immer weiter in uns hineinfraß...«.
- Wir machen ein Gedicht aus der Geschichte (u.U. einfach dadurch, daß wir den letzten Absatz in Zeilen umbrechen).